Karl Kohler

**Der syntaktische Gebrauch des Infinitivs und Particips im Beówulf**

Karl Kohler

**Der syntaktische Gebrauch des Infinitivs und Particips im Beówulf**

ISBN/EAN: 9783744603638

Hergestellt in Europa, USA, Kanada, Australien, Japan

Cover: Foto ©Thomas Meinert / pixelio.de

Weitere Bücher finden Sie auf **www.hansebooks.com**

# DER SYNTAKTISCHE GEBRAUCH

DES

# INFINITIVS UND PARTICIPS

IM

# „BEÓWULF".

## INAUGURAL-DISSERTATION

ZUR

ERLANGUNG DER PHILOSOPHISCHEN DOCTORWÜRDE

AN DER

KÖNIGL. AKADEMIE ZU MÜNSTER I. W.

VON

**KARL KÖHLER**

AUS HANNOVER.

MÜNSTER.

E. C. BRUNN'SCHE BUCHDRUCKEREI

1886.

SEINEM VEREHRTEN LEHRER

HERRN PROFESSOR D^R· GUSTAV KOERTING

IN DANKBARKEIT UND HOCHACHTUNG

GEWIDMET

VOM VERFASSER.

# I. Theil:
## Der syntaktische Gebrauch des Inf. im „Beówulf."

### Kapitel I.*)
#### §. 1.
#### Das Genus des Inf.

Der westliche wie der östliche Zweig der grossen germanischen Sprachfamilie besitzt, soweit wir es zu übersehen vermögen, nur einen organischen Inf., welcher befähigt ist, sowohl in activischem wie in passivischem Sinne zu fungiren. Jedoch schon das Got. empfand die dadurch gelegentlich entstehende Undeutlichkeit und suchte in einzelnen Fällen den passivischen Inf. durch eine analytische Bildung auszudrücken. Diese bestand in der Umschreibung mit vaírthan + Part. Praet. (Grimm: Deutsche Gramm. IV p. 57). Indessen ist die periphrastische Bildung, wie schon Grimm bemerkt, „selten und ungeläufig", indem noch in den meisten Fällen der Inf. Pass., dessen Genus oft nur aus dem Zusammenhange und aus dem dabeistehenden Dativ (allein oder mit der Präposition fram) erkannt werden kann (vgl. Fr. Bopp: Vergl. Gram. III. § 872 p. 305), durch den Inf. Act. zum Ausdruck gelangt. Im Ahd. des Otfrid findet sich die Umschreibung des Inf. Pass. nicht (Erdmann I, 200), dagegen bedienen sich ihrer wohl die ahd. Uebersetzer, wenn auch,

---

*) Am Schlusse der Abhandlung wird ein alphabetisches Verzeichnis der bei der Abfassung der Arbeit benutzten Litteratur folgen.

wenigstens bei den besseren, sich eine Abneigung gegen diese Umschreibung beobachten lässt (Denecke, p. 5.) Anders verhält es sich mit dem Altnd. Dieses verwendet den analytisch gebildeten Inf. Pass. in ziemlich ausgedehntem Masse (Steig p. 309 ff.). — Das Ags., soweit es den Beówulf angeht, steht dagegen hierin dem Ahd. näher als dem Altnd. Wenngleich die Umschreibung auch nicht so streng vermieden wird, wie im Otfrid, so finden sich im „Beówulf" doch nur ein, bezw. zwei Beispiele für den passiven Inf., gebildet mit wesan + Part. Praet.: 3022 forþon sceall gár wesan . . . häfen on handa = wird erhoben werden.

Ein anderes Beispiel giebt nach Ergänzung von wesan v. 2256: sceal se hearda helm . . . fätum befeallen (wesan) = wird (= mag) beraubt werden.

Act. Inf. für pass. bei Hülfsverben findet sich in folgenden zwei Fällen:*) 280 gyf him edwendan aefre scolde bealuwa bisigu, bôt eft cuman = wenn von ihm je des Uebels Not wieder gewendet werden, Abhülfe kommen sollte. — 2601: sibb aefre ne mäg wiht onwendan, þam þe wel þenced = die Freundschaft kann nie beseitigt werden in dem, der wohl denkt.

Die letztere Anwendung des act. Inf. für den pass. hat im Got. und As. nicht ihres Gleichen, sondern das Got. würde skulds vas und mahts ist c. Inf. Act. gesetzt haben (vgl. Grimm IV, p. 59 f.), während das As. die Umschreibung anwenden würde; im Ahd. dagegen ist die ags. Konstruktionsweise die regelrechte.

Ausser den eben besprochenen Fällen der Umschreibung macht Grimm (IV, p. 60 ff.) noch auf verschiedene Fälle aufmerksam, welche einen act. Inf. in pass. Bedeutung aufweisen. Für Otfrid glaubt Erdmann (I 200) bei seiner Inf.-

---

*) Es lässt sich aber nicht läugnen, dass diese Inff. auch neutral aufgefasst werden können, in welchem Falle die angezogenen Beispiele an anderer Stelle beachtet werden müssten. Ueber v. 280 vgl. auch Rugge in Tidskr. VIII 291 (angeführt von Heyne in den Anm. p. 86).

Auffassung (als Casus eines abstrakten Substantivs I, p. 198) nur act. Inf. annehmen zu müssen, was er mit den Worten begründet: „indem ich in der Verbindung des Acc. c. Inf. den von der Thätigkeit betroffenen Gegenstand als Objectsacc. zum Inf. ziehe." Dem hat jedoch Steig (p. 311 f.) mit Erfolg widersprochen. Steig weist nach, dass Erdmann sich im Widerspruch mit sich selbst befinde, indem er beim Acc. c. Inf. den Acc. als vom Verb. regens abhängig auffasst, während bei der einfachen Inf.-Konstruktion der Acc. vom Inf. abhänge.

Nach Grimm's Anschauung, welcher ich beipflichte, ist ein act. Inf. mit pass. Bedeutung anzunehmen besonders bei den Verben des Hörens und Sehens, des Lassens und Heissens. Die Verba des Lassens jedoch entfallen für unseren Text, da diese stets act. Inf. nach sich haben.

Im Folgenden sei eine Uebersicht der im „Beówulf" sich findenden Fälle gegeben:

I. hýran.

273. swâ wê, sôdlîce secgan hýrdon — 38. ne hýrde ic cymlîcor ceól gegyrwan hilde-waepnum. — 581. Nô ic wiht fram þe swylcra searo-nîda secgan hýrde, billa brôgan. — 875. þāt he fram Sigemunde secgan hýrde —

Beachtenswert ist die invertierte Stellung des Inf. secgan bei hýran, wodurch diese Verbindung etwas Formelhaftes erhält. Zu derselben Klasse von Verben gehört:

II. gefrignan.

74: þâ ic wîde gefrāgn weorc gebannan manigre maegđe geond þisne middan-geard, folc-stede frātwan;

III. geseón.

229. þâ of wealle geseah weard Scildinga... beran ofer bolcan beorhte randas. — 1024 maere mâđđum-sweord manige gesâwon beforan beorn beran —

IV. hâtan.

198. hét hîm ýđ-lidan gôdne gegyrwan — 391. eów hét secgan sige-drihten mîn... — 675. and gehealdan hét hilde-

geatwe — 1036. hêht þa corla hleó cahta mearas, fätedhleóre, on flet teón in under eoderas. — 1054 and þone acnne hêht golde forgyldan, þone þe... — 1115 hêt þâ Hildeburh ät Hnäfes âde hire selfre sunu sweolode befästan, bân-fatu bärnan and on bael dôn — 1808. hêht þâ se hearda Hrunting beran, sunu Ecgláfes, hêht his sweord niman — 1921 hêt þâ up beran ädelinga gestreón — 2153 hêt þâ in beran eafor — 2191 hêt þâ eorla hleó in gefetian... Hrêdles lâfe — 2338 hêht him þâ gewyrcean wîgendra hleó eall-îrenne, eorla dryhten wîg-bord wrätlîc — 2893 hêht þâ þât heado-weorc tô hagan biódan up ofer êg—clif. — 3096 and cówic grêtan hêt — 3111: hêht þâ gebeódan byre Wihstânes, häle hilde-diór, häleda monegum bold-âgendra, þät...

Es bleibt uns noch die Anführung des Inf. verbunden mit der Präposition tô, abhängig vom Verb. subst., übrig, welche Verbindung in ihrer Funktion dem lat. Part. Fut. Pass. gleichwertig ist.

Eine andere Präposition als tô findet sich im „Beów." noch nicht vor dem Inf. gebraucht, wie überhaupt erst das Nags. andere Präpositionen vor dem Inf. aufweist (vgl. Koch II, p. 61, § 86). Der pass. Sinn des Inf. mit tô tritt besonders hervor in der Verbindung mit dem Verb. subst., welche „überhaupt in allen verwandten Sprachen häufig und offenbar uralt" ist (vgl. Jolly p. 159). Das Ahd. (Grimm IV, p. 61 f.) und das As. (Steig p. 314) bieten mehrere Belege für eine analoge Erscheinung dar, während das Got. nur ·bedingungsweise hier genannt werden kann, da ihm der flektirte Inf. fehlt; doch entspricht ein got. du saíhvan im (Matth. 6, 1) genau diesem Falle. Im Beów. lassen sich nur folgende Belege auffinden:

1418 Denum eallum wäs... tô geþolianne... oncyd —
1941 ne bid swylc cwênlîc þeáw, idese tô efnanne... þätte freodu-webbe...

## §. 2.
### Die Tempora des Inf.

Unterscheidung der Tempora findet beim Inf. nicht statt, sondern der präsentiale Inf. vertrittt auch den präteritalen. Koch (II. § 81) sagt bei Besprechung des Inf. des Perf. Act.: „Er kann erst nach Bildung des Perfekts entstanden sein und mag schon im Ags. vorkommen", wo Zupitza hinzufügt: „[aber Aelfric übersetzt in den Paradigmen seiner Grammatik den Inf. Perf. mit dem Praesens, z. B. docuisse mit tǽcan]". — Aus dem Beów. lässt sich nicht unmittelbar ein Beispiel für diesen Fall anführen, jedoch muss man aus dem Zusammenhange schliessen, dass der act. Inf. präteritale Bedeutung hat in v. 1055: þone þe Grendel aer mâne âcwealde, swâ he hyra mâ wolde (sc. âcwellan), nefne . . .; hier ist der zu âcwealde, welches für das Plusqupf. steht (vergl. v. 6: egsode; 15: drugon u. ö.), zu ergänzende Inf. als Inf. Praet. Act. zu nehmen, was schon durch wolde angedeutet wird, und zu übersetzen: den, welchen Grendel zuvor frevlerisch gemordet hatte, wie er deren noch mehr (gemordet haben) würde, wenn nicht . . .

## Kapitel II.
### Der syntaktische Gebrauch des einfachen Inf.

#### §. 3.
##### Der Inf. in Abhängigkeit von Hülfsverben.

Der besseren Uebersicht wegen ist bei der Besprechung der einzelnen Hülfsverben eine Eintheilung nach ihrer verschiedenen Bedeutung gegeben worden, wobei Koch's Klassification (II. p. 21—25) im Wesentlichen beibehalten ist. Am häufigsten finden sich sculan, willan, magan, môtan, weniger häufig dagegen durran, þurfan, cunnan und nur in ganz bestimmter Form witan als Hülfsverben mit dem Infinitiv verbunden gebraucht.

## Der Inf. in Abhängigkeit von sculan.

Im Got. findet sich dieses Verbum noch als volles Begriffsverb gebraucht, z. B. Luc. 16,5: hvan filu skalt fraujin meinamma? Wie viel bist Du meinem Herrn schuldig? Jedoch weit häufiger ist es schon in der Funktion als Hülfsverbum mit einem Infinitiv anzutreffen. Dem Ags. ist die erstgenannte Konstruktionsweise durchaus nicht völlig fremd (man vergl. die bei Koch angeführten Beispiele), wenn auch im Beówulf sich eine derartige Gebrauchsweise nicht belegen lässt, jedoch muss die Verbindung des Verbs mit dem Infinitiv als Regel angesehen werden. (Ueber die Auslassung des Inf. vergl. unten.) Es lassen sich hierbei folgende Bedeutungsunterschiede beobachten:

a) sculan drückt die Notwendigkeit aus und zwar als Gebot des Gesetzes, als äussere Notwendigkeit, als höheren Befehl. Es ist schon in dieser Bedeutung begründet, dass „sculan" bisweilen in die Bedeutung von „mótan" eingreift, und an einzelnen Stellen lässt sich auch wirklich ein Unterschied des Gebrauchs dieser beiden Hülfsverben nicht feststellen (z. B. V. 10; 2919; 2975; 2964 u. ö.) V. 251 f. Nu ic eówer sceal frumcyn witan = „nun muss ich euere Herkunft wissen", liegt in sceal eine äussere Notwendigkeit enthalten, aber zugleich auch ein Wunsch, eine höfliche Bitte um Auskunft = „darf ich wissen".

Es lassen sich aus dem Beów. folgende Beispiele für diesen Gebrauch anführen:

Das Hülfsverbum steht im

Praes., und zwar

α. mit nachfolgendem Inf. im Hauptsatze:

20: swâ sceal geong guma góde gewyrcean — 287 f.: aeghwädres sceal scearp scyld-wîga gescâd witan — 1173 swâ sceal man dôn (für sprecan). — 1535 swâ sceal man dòn (für getruwian). — 2168 swâ sceal maeg dòn (für getcón). 2509: Nu sceall billes ecg, hond and heard sweord ymb hord wigan. — 2591 f.: swâ sceal aeghwylc mon âlaetan laendagas. — 2667: scealt nu daedum ròf, ädeling ân-hydig, ealle mägene feorh ealgian. — 2805: se scel tô gemyndum mînum leódum heáh hlifian on Hrones nässe — 3011 ne scel ânes hwät meltan — 3078 Oft sccall corl monig ânes willan wracc âdreógan.

*β*. mit nachfolgendem Inf. im Nebensatze:
2658. þät he âna scyle Geáta dugude gnorn þrowian.

*γ*. mit vorhergehendem Inf. im Hauptsatze:
1005 ac gesacan sceal.

Im Praet., und zwar

*α*. mit nachfolgendem Inf. im Hauptsatze:
820 scolde Grendel þonan feorh-seóc fleón under fen-hleodu. — 1329 swylc scolde corl wesan — 1444. scolde herebyrne hondum gebroden.... sund cunnian — 1638. feówer scoldon on þäm wäl-stenge worcum geferian tô þäm goldsele Grendles heáfod. — 1799 swylce þŷ dôgore heádolîdende habban scoldon — 2342 sceolde laen-daga ädeling aer-gôd ende gebîdan — 2409 f. sceolde heán þonon wong wîsian — 2443 sceolde hwädre swâ þeáh ädeling unwreccn ealdres linnan — 2590 sceolde wyrmes willan wic cardian elles hwergen — 2709 swylc sceolde secg wesan.

*β*. mit nachfolgendem Inf. im Nebensatze:
41 þâ him mid scoldon on flôdes aeht feor gewitan.

*δ*. mit vorhergehendem Inf. im Nebensatze:
833 þe hie aer drugon and for þreá-nŷdum þolian scoldon — 1306 þät hie on bâ healfa bicgan scoldon freónda feorum — 1465 þät hit ellen-weorc äfnan scolde — 2628 þät he gûde raes mid his freó-dryhtne fremman sceolde — 2919 þät se byrn-wiga bûgan sceolde — 2964 þät se þeód-cyning þafian sceolde — 2975 þät he blôde fâh bûgan

sceolde — 3069 þurh hwät his worulde gedál weordan
sceolde.

b) sculan drückt eine zukünftige Handlung aus, insofern diese nach einem höheren Willen eintritt. In dieser Bedeutung dient sculan zur Umschreibung des Fut., wofür auch vereinzelt willan gebraucht wird. In vielen Fällen wird nicht eine thatsächlich bevorstehende Handlung ausgedrückt, sondern nur darauf hingewiesen, dass eine solche eintreten werde, d. h. sculan wird zum Ausdrucke der Prophezeiung verwandt, z. B. 1708; 3019; 3022 u. ö. Die Zukunft schlechthin wird ausgedrückt: 384; 1707; 602; 692; 1107 u. ö.

Bezüglich der Stellung des Inf. lässt sich Folgendes beobachten: das Hülfsverb steht im

Praes., und zwar

α. mit nachfolgendem Inf. im Hauptsatze:

24 lof-daedum sceal in maegða gehwaere man geþeón — 271: ne sceal þaer dyrne sum wesan — 384 ic þäm gódan sceal for his módþräce mádmas beódan — 424 and nu wid Grendel sceal ... âna gehegan þing wid þyrse — 589 þäs þu in helle scealt werhdo dreógan — 602 ac him Geáta sceal eafod and ellen ungeára nu gúde gebeódan — 684 ac wit on niht sculon secge ofersittan — 1061 fela sceal gebídan — 1387 úre aeghwylc sceal ende gebídan worolde lifes. — 1707 ic þe sceal mine gelaestan freóde — 1708 þu scealt tó frófre weordan eal lang-widig leódum þinum — 1863 sceal hring-naca ofer heáðu bringan — 2070 ic sceal ford sprecan gen ymbe Grendel — 2527 ac unc sceal weordan üt wealle — 2536 ic mid elne sceall gold gegangan — 2885 nu sceal sinc-þego ... eówrum cynne ... álicgean — 3019 ac sceall .... el-land tredan — 3109 þaer he longe sceal on þäs waldendes waere geþolian —

γ. mit vorhergehendem Inf. im Hauptsatze:

440 þaer gelýfan sceal dryhtnes dôme — 978 þaer abidan sceal.

Im Praet., und zwar
  β. mit nachfolgendem Inf. im Nebensatze:
692 þät he þanon scolde eft eard-lufan aefre gesêcean —
966 þät he for mund-gripe minum scolde liegean lif-bysig;
  δ. mit vorhergehendem Inf. im Nebensatze:
1035 þonne scyld-freca ongeán gramum gangan scolde. —
1107 þonne hit sweordes ecg syððan scolde.

c) sculan steht im Vordersatze des hypothetischen Satzgefüges. Für diese Gebrauchsweise sind mir im „Beów." nur zwei Beispiele aufgefallen:

  β. mit nachfolgendem Inf.:
1478 gif ic ät þearfe þinre scolde aldre linnan;
  δ. mit vorhergehendem Inf.:
280 gyf him edwendan aefre scolde bealuwa bisigu, bôt eft cuman (über den Inf. edwendan in pass. Bedeutung vergl. oben).

Nicht selten geschieht es, dass mehrere Infinitive von demselben Hülfsverb abhängen, und zwar in der Regel ohne dass eine Wiederholung des letzteren stattfände. Die Anreihung des Inf. erfolgt gewöhnlich asyndetisch, was in der auch sonst noch beliebten Anwendung der Parataxe seine Erklärung findet. Was die Stellung der Inff. angeht, so macht sich die Tendenz geltend, im Hauptsatze die logische Wortfolge beizubehalten, dagegen im Nebensatze Inversion des ersten abhängigen Inf. eintreten und die übrigen Infinitive folgen zu lassen. Die hierher gehörenden Beispiele sind folgende:

Doppelter Inf.

  α. asyndetisch:
10 ôð þät him aeghwylc . . . hýran scolde, gomban gyldan (ad a) — 1450 se þe mere-grundas mengan scolde, sêcan sund-gebland (ad a) — 3115 Nu sceal glêd fretan (weaxan wonne lêg) (ad a)

  β. syndetisch:
806 Scolde his aldor gedâl . . . . earmlîc wurdan, and so

ellor-gâst on feónda gewald feor sîdian (ad a) — 438 ac ic mid grâpe sceal fôn wid feónde and ymb feorh sacan (ad b)

γ. disjunctiv:
637 ic gefremman sceal eorlu ellen, odde ende-däg on þisse meodu-healle nûnne gebîdan

### Drei Inf.

α. asyndetisch:

2422. se þonc gomelan grêtan scolde, sêcean sâwle hord, sundur gedaelan lîf wid lîce. (ad a) — 911 þüt þät þeódnes bearn geþeón scolde, fäder-ädelum onfôn, folc gehealdan (ad b).

### Vier Infinitive

finden sich nur an einer Stelle
3022 forþon sceall gâr wesan ... häfen on handa, nalles hearpan swêg wîgend weccean, ac se wonna hrefn .... fela reordian, earne secgan, hû ....

Die beiden ersten Infinitive sind asyndetisch aneinder gereiht, ebenso die beiden letzten, während das letzte Paar im adversativen Verhältnisse zu den beiden ersten Inff. steht. (ad b).

### Fünf Infinitive

sind ebenfalls nur durch ein Beispiel zu belegen
3015 þâ sceal brond fretan, äled þeccean, nalles eorl wegan maddum tô gemyndum, ne mägd scyne habban on healse hring-weordunge, ac sceall geômor-môd golde bereáfod oft nalles aene el-land tredan (ad b).

Die beiden ersten Inff. sind bejahend und asyndetisch, der 3. und 4. Inf. verneinend und durch kopulative Konjunktionen beigeordnet; der 5. Inf. steht in adversativem Verhältnisse zum 4., und es könnte das hier beigefügte sceall ebenso gut fehlen wie in dem vorigen Beispiele.

Auffallend muss die Auslassung von sceal in v. 183 erscheinen:

wá bid þām þe sceal þurh slídne nid sáwle bescúfan in
f&#253;res fáðm, frófre ne wênan, wihte gewendan.

Heyne lässt die beiden letzten Infinitive gleichfalls von
sceal abhängen und übersetzt diese folgendermassen (vergl.
Gloss. zum Beów. unter ge-wendan): „wehe dem, . . . der
keinen Trost hoffen, auf keine Weise sich verändern (die
Hölle verlassen) wird" — In dieser Uebersetzung werden
alle Infinitive als asyndetisch beigeordnet aufgefasst. Ich
möchte dagegen das ganze Satzgefüge so übersetzen: „wehe
dem, der durch schändliches Streben die Seele in den Schooss
des Feuers stossen wird, (wenn das geschieht, so wird er)
auf den Trost nicht hoffen, etwas (je) zu wenden". Nach
meiner Auffassung wäre also der letzte Inf. von dem zweiten
abhängig, welcher seinerseits von einem zu ergänzenden „sceal"
abhienge.

Häufig lässt sich die Nichtsetzung eines Inf. bei sceal
und sonstigen Hülfsverben beobachten. Diese elliptische Konstruktion hat ihren Grund zum Teil in der poetischen Fassung unseres Gedichtes, zum Teil darin, dass in jeder Sprache
Satzteile, besonders Infinitive, äusserlich unterdrückt werden,
aber bei grammatischen Betrachtungen hinzugefügt werden
müssen. Grimm spricht in seiner Gramm. IV p. 132 f. u.
p. 136 f. von der Ellipse von Infinitiven. Darnach ist die
Auslassung des Verb. subst. und eines Verbums der Bewegung am häufigsten. Dies gilt auch für unsern Text. Die
hierher gehörenden Fälle der Nichtsetzung des Verb. subst.,
welche besonders bei adjectivischem Prädicat statt hat,
sind folgende:

2660 sceal úrum þāt sweord and helm, byrne and byrduscrúd bám gemaene (sc. wesan) (ad a). — 1784 unc sceal
worn fela madma gemaenra (sc. wesan). (ad b) — 1856 þāt
þām folcum sceal sib gemaenum (sc. wesan) and sacu restan
(ad b).

Analog diesen Fällen ist v. 2256 behandelt, wo der Inf.
wesan bei dem Part. Praet. befeallen fehlt, welches nach Hin-

zufügung des verb. subst. die umschriebene Form des Inf. Praes. Pass. ergiebt (vgl. oben).

Ebenso häufig lässt sich auch die Auslassung eines Verbums der Bewegung beobachten, wie dies auch noch heute nach modalen Verben geschieht (vgl. Maetzner 2¹, p. 50). Es ist dabei zu beachten, dass jedesmal durch ein Lokaladverb auf den fehlenden Inf. hingedeutet ist:

1180: þonne þu ford (sc. gân) scyle metod-sceaft seón, von dem zu ergänzenden Inf. gân ist dann andererseits wieder der Inf. seón abhängig, welcher den Zweck bezeichnet; 2817 ic him äfter sceal (sc. folgian). — 3178 þonne he ford (sc. gân) scile of lic-haman laene weordan.

Ausser den besprochenen Ellipsen eines Inf. bei sculan sind noch die Fälle zu bemerken, in denen ein Inf. aus dem vorhergehenden Verbum zu ergänzen ist. Dieses hat am häufigsten in Nebensätzen statt:

455 Gaed â Wyrd swâ hió scel (sc. gân). — 2585 gûdbill geswâc nacod ät nîde, swâ hit nô sceolde (sc. geswîcan)

Es sei noch auf einige Stellen hingewiesen, in welchen Heyne (Beów.-Gloss. unter sculan No. 3) eine besondere Gebrauchsweise von sculan zu erblicken glaubt. Er sagt dort „einigemal dient sculan zur periphrastischen Bildung der Tempora" (welcher Tempora?), fügt jedoch hinzu: „doch nicht ohne den leisen Nebensinn des bestimmt seins vom Schicksale". Es gehören hierher v. 83, 229, 1067, 1070, 1261, 2401, 705, 2258, 2276. Ich möchte diese Fälle als zu a gehörig betrachten; ein weiteres Eingehen auf die Funktionen von sculan fällt aber nicht in den Bereich dieser Abhandlung.

Der Inf. in Abhängigkeit von willan.

In unserem Texte steht bei diesem Hülfsverbum mit Ausnahme vereinzelter Fälle (s. unten) immer der Inf., niemals ein Satz mit „dass" c. conj., obgleich diese Konstruktion dem Ags. ebenso wenig fremd ist, wie den übrigen germanischen Dialekten. Für das Ags. vgl. man die bei Grein unter villan 2 angeführten Beispiele; für das Got. vergl. Köhler p. 430 ff.

und für das As. vgl. Heyne, Glossar zum Héliand unter willian 3). Aus den dort angeführten Beispielen lässt sich ersehen, dass die Konstruktion mit „dass" nur Anwendung findet, wenn Haupt- und Nebensatz verschiedenes Subjekt haben. Die im Got. sich findende Konstruktion des Acc. c. Inf. nach wiljan beruht auf griech. Einflusse (vergl. Köhler p. 431) und findet sich nicht in den andern Dialekten.

Es lassen sich in der Verbindung von willan mit dem Inf. besonders zwei Nuancen in der Bedeutung des Hülfsverbs beobachten:

a) willan bewahrt annähernd seine ursprüngliche Bedeutung, indem die Handlung als von dem Willen des Subjekts abhängig dargestellt wird. Für diesen Gebrauch von willan finden sich folgende Beispiele: das Hülfsverb steht im

Praes., und zwar

α. mit folgendem Inf. im Hauptsatze:
948 Nu ic Beówulf þec . . . . me for sunu wylle freógan on ferhđe — 2525 nelle ic . . . oferfleón;

β. mit folgendem Inf. im Nebensatze:
680 forþan ic . . . swebban nelle — 1315 hwädre him alwalda aefre wille äfter weá-spelle wyrpe gefremman. — 2865 se þe wyle sôđ sprecan;

γ. mit vorhergehendem Inf. im Hauptsatze:
351 ic þäs wine Deniga . . . . frinan wille — 427 ic þe nu þá . . . biddan wille — 1819 nu we sae-líđend secgan wyllađ.

δ. mit vorhergehendem Inf. im Nebensatze:
980 hû him seír metod scrífan wille — 1050 se þe secgan wile sôđ.

Im Praet., und zwar

α. mit folgendem Inf. im Hauptsatze:
665 wolde wîg-fruma Wealh þeó sêcan — 792 nolde eorla hleó . . . forlaetan — 797 wolde freá-drihtnes feorh calgian — 1011 wolde self cyning symbel þicgan — 1340

wolde hyre macg wrecan — 1547 wolde hire bearn wrecan — 1792 wolde blonden-feax beddes neósan — 1806 wolde feor þanon cuma collen-ferhd ceóles neósan — 2295 wolde guman findan — 2306 wolde se láda lige forgyldan — 2477 freóde ne woldon ofer heafo healdan;

γ. mit vorhergehendem Inf. im Hauptsatze:
1095 swâ he Fresena byn on beór-sele byldan wolde. — 1278 and his módor . . . gegân wolde — 1495 nalas andsware bidan wolde — 2309 nô on wealle leng bidan wolde 2084 nô þý aer ût . . . gongan wolde — 2316 nô þaer . . . laefan wolde;

δ. mit vorhergehendem Inf. im Nebensatze:
200 cwäd he gûd-cyning . . . sêccan wolde — 482 þät hie beór-sele bidan woldon — 646 ôd þät . . . sunu Healfdenes sêccan wolde aefen räste — 739 hû se mân-scada . . . gefaran wolde — 813 þät him se lic-homa laestan nolde — 991 þät þäs ahlnecan blôdge beadu-folme onberan wolde — 1042 þonne sweorda geläc . . . efnan wolde — 2377 þät he . . . odde (þät he) cync-dôm ciósan wolde — 2589 þät se maera maga . . . ofgyfan wolde — 2636 þät we him . . . gyldan woldon.

b) willan dient zum Ausdruck des Futurs. Jedoch lässt sich bei diesem Gebrauche nicht die Hervorhebung des Willens des Subjektes verkennen, sodass es manchmal schwer fällt, eine Entscheidung zu treffen. In wie weit in diesem Falle die Verbindung des Präteritums des Hülfsverbs mit dem Inf. begrifflich als Konjunktiv aufzufassen ist, würde bei einer Abhandlung „Ueber den Gebrauch des Konjunktivs" zur Sprache kommen müssen. In Bezug auf die Stellung des Inf. lässt sich Folgendes feststellen: Das Hülfsverb steht im

Praes., und zwar
α. mit folgendem Inf. im Hauptsatze:
344 Wille ic âsecgan;

β. mit folgendem Inf. im Nebensatze:
442 þät he wille... etan — 1183 þät he wille... healdan;

γ. mit vorhergehendem Inf. im Hauptsatze:
446 ac he me habban wile;

δ. mit vorhergehendem Inf. im Nebensatze:
346 gif he ûs geunnan wile — 1185 þät he ... gyldan wille — 1833 þät he mee fremman wile — 1853 gif þu healdan wylt.

Im Pract., und zwar

α. mit folgendem Inf. im Hauptsatze:
2519 nolde ic sweord beran;

β. mit folgendem Inf. im Nebensatze:
1176 þät þu ... wolde ... habban;

γ. mit vorhergehendem Inf. im Hauptsatze:
2730 nu ic suna minum syllan wolde;

δ. mit vorhergehendem Inf. im Nebensatze:
804 þät ... aenig .. grêtan nolde — 881 þonne he ... secgan wolde — 1524 þät se beado-leóma bitan nolde — 989 þät him heardra nân hrînan wolde — 2941 ewäd (þät) he ... getan wolde

Was die Stellung des Inf. angeht, so macht sich bei willan noch mehr als bei sculan die Tendenz geltend, im Nebensatze den Inf. voranzustellen, im Hauptsatze dagegen ihn nachfolgen zu lassen; besonders tritt dieses hervor, wenn das Hülfsverb im Pract. steht.

Die Wiederholung des Hülfsverbs vor dem Inf. hat an keiner Stelle statt, wie auch die Abhängigkeit mehrerer Infinitive von einem Auxiliar hier nur selten ist.

Doppelter Inf.

α. asyndetisch:
154 sibbe ne wolde wid manna hwone mägenes Deniga feorh-bealo feorran, feó þingian — 756 wolde on heolster fleón, sêcan deófla gedräg — 2149 þät ic þe ... bringan wylle, êstum geŷwan — 2513 gyt ic wylle ... fachde sêcan, maerdum fremman.

β. syndetisch:

68—71 þāt heal-reced hātan wolde ... and þaer on innan
eall gedaelan — 351 f. ic þās wine Deniga .... frinan
wille ... and þe þā andsware ädre gecýdan. Heyne setzt
vor „and" ein Semikolon, welches besser durch ein Komma
ersetzt wird.

Vier Infinitive
finden sich nur
3173 woldon ceare cwĭdan, kyning maenan, word-gyd
wrecan and ymb wer sprecan,
dem letzten Inf. ist „and" vorgesetzt, um die beiden letzten
Inff. als eng zusammengehörig darzustellen.

Die Auslassung des Inf. eines Verbums der Bewegung
ist bei willan nicht so häufig wie bei sculan; ein Beispiel für
die Abhängigkeit des Verb. subst. von willan findet sich überhaupt nicht. Für das Erstere gebe ich folgende Beispiele:
1372 aer he (heorot) in wille, hafelan hýdan; dem Sinne
nach ergänzt man hier am besten springan. — 1293 wolde
ût þanon (sc. gân), feore beorgan.

Auch 318: ic tô sae wille (sc. gân), wid wrâd werod
wearde healdan gehört hierher, falls man nicht vorzieht aus
316 fêran zu ergänzen.

Häufiger als bei sculan ist die Ergänzung eines Inf. aus
dem Verbum des vorhergehenden Satzes vorzunehmen:
1004 fremme se þe wille (scil. fremman) — 1395 gâ þaer
he wille (sc. gân) — 2767 hýde se þe wylle (sc. hýdan) —
3056 sealde þam þe he wolde (sc. sellan). — 543 nô he
wiht fram me .... fleótan meahte .... nô ic fram him
wolde (sc. fleótan).

Wir haben noch zwei Fälle zu betrachten, in welchen
„willan" als Begriffsverb gebraucht worden ist. V. 707 und
968 findet sich dieselbe Phrase: þâ metod nolde = da Gott
es nicht wollte. Man könnte wol auch hier zu einer Ellipse
seine Zuflucht nehmen und den Satz oder vielmehr die Formel vervollständigen: þâ metod nolde forlaetan sumne swâ

dôn. Als eine Art Beweis für die Richtigkeit dieser Auffassung dient V. 792: Nolde corla hleó aenige þinga þone cwealm-cuman cwicne (sc. wesan) forlaetan = wollte der Schutz der Edelen nicht zulassen, dass . . . . Zwingend ist diese Annahme freilich nicht, da sie mit der historischen Grammatik in Widerspruch steht, indem ursprünglich auch die jetzt so genannten Hülfsverba Begriffsverba waren, aber der fast völlige Schwund der früheren Gebrauchsweise dieser Verben berechtigt uns zu der Annahme einer Ellipse.

Der Inf. in Abhängigkeit von magan.

Als Begriffsverb findet sich magan in unserer Dichtung nicht, obschon diese Gebrauchweise auch im Ags. noch auftritt (vgl. die bei Koch p. 28 Nro. 8 angeführten Beispiele). Die im Beów. ausschliessliche Gebrauchsweise ist die als Hülfsverb in Verbindung mit einem Inf. In dieser Verbindung besitzt magan meistens die Bedeutung eines physischen Könnens, welches in der heutigen englischen Sprache durch „can" ausgedrückt wird. Die Bedeutung von „dürfen" findet sich nur vereinzelt in unserem Gedichte, z. B. 2802 . . . . ne mäg ic her leng wesan = nicht darf ich hier länger sein, d. h. nach dem Willen der Götter, oder: nicht kann ich . . . d. h. nach meinen physischen Kräften. — Die Bedeutung des „Müssens" besitzt magan an folgenden Stellen:
1701 þät lâ mäg secgan, se þe . . . — 2865 þät lâ mäg secgan, se þe wyle sôđ sprecan.

Es handelt sich in beiden Fällen jedoch nur um einen moralischen Zwang, nicht um eine äussere Notwendigkeit.

Der Stellung des Inf. nach lassen sich die Beispiele so anordnen: Das Hülfsverb steht im

Praes., und zwar

α. mit folgendem Inf. im Hauptsatze:
277: ic þäs Hrôdgâr mäg . . . gelaeran — 478; 931; 1701; 2048; 2531; 2740; 2802; 2865; — 1366; 1485; 1738; 2033; 2261; 2292; 2765; 3065;

*β*. mit folgendem Inf. im Nebensatze:
1823 gif ic ... mäg ... tilian — 2655; 2750;

*γ*. mit vorhergehendem Inf. im Hauptsatze:
943 þät secgan mäg — 1342; 1734;

*δ*. mit vorhergehendem Inf. im Nebensatze:
1379 þaer þu findan miht sinnigne secg. — 2449.

Im Praet., und zwar

*α*. mit folgendem Inf. im Hauptsatze:
190: ne mihte snotor häled weáa onwerdan — 968; 1151; 1509; 1660; 2465; 2521; 2548; 2610; 2674; 2878; 2905; 2972; 3080;

*β*. mit folgendem Inf. im Nebensatze:
313 þät hie him tô mihton gegnum gangan — 942; 1033; 1131; 2622; 2684; 3164;

*γ*. mit vorhergehendem Inf. im Hauptsatze:
511 ne inc aenig mon ... beleán mihte sorh-fullne sîd. — 542; 2467; 2374;

*δ*. mit vorhergehendem Iuf. im Nebensatze:
207 þára þe he cênoste findan mihte. — 243; 308; 462; 571; 649; 657; 1079; 1157; 1141; 1351; 1447; 1455; 1497; 1505; 1516; 1562; 1878; 1912; 1920; 2341; 2771; 2871; 2955.

Von der Stellung gilt also, wie leicht ersichtlich, das bereits bei willan Bemerkte.

Was die Abhängigkeit mehrerer Inff. von magan anbetrifft, so findet sich nur

Doppelter Inf.

*α*. asyndetisch:

781 þät hit â mid gemete manna aenig betlic and bán-fâg tôbrecan meahte, listum tôlûcan. — 2655 nemne we acror maecgen fâne gefyllan, feorh calgian Wedra þióðnes — 2955 þät he sae-mannum onsacan mihte. heado-lidendum hord forstandan;

β. copulativ:

1083 þāt he ne mehte on þām medel-stede wīg Hengeste wiht gefeohtan, ne þā weá-láfe wīge forþringan þeódnes þegne — 2856 ne mealite he on eordan ... on þam frumgāre feorh gehealdan, ne þäs wealdendes willan wiht oncirran.

Von Fällen der Ellipse eines Inf. findet sich nur der eines Verbums der Bewegung:
755 nð þŷ aer fram (sc. gān) meahte
und folgende Fälle, in denen ein Inf. aus dem Verbum des vorhergehenden Satzes zu ergänzen ist:
680 þeáh ic eal maege (sc. swebban und beneótan) — 763 þaer he mealite swā (gewindan und fleón), auffallenderweise weist das swā hier auf das Folgende hin: widre gewindan, and on weg þanon fleón on fen-hópu — 798 þaer hie meahton swā (ealgian) — 2092: hyt ne mihte swā (gedón).

Der Inf. in Abhängigkeit von môtan.

„Das Verb. im Nordischen nicht bezeugt, hat im Got. als gamótan... die sinnliche Bedeutung „Raum haben", „Platz finden" (Marc. 2, 2), in den späteren westgerm. Dialekten die mehr verflüchtigte des „Erlaubnis habens", „Dürfens", die bisweilen schon in die des „Gezwungenseins" umschlägt..." (vgl. Grimm: Deutsches Wörterbuch). Die Verwendung in der ersteren Bedeutung überwiegt bei weitem die in der zweiten.

a) môtan eine Erlaubnis bezeichnend:

Das Hülfsverb steht im

Praes., und zwar

α. mit folgendem Inf. im Hauptsatze:
395 nu ge môton gangan;

β. mit folgendem Inf. im Nebensatze:
365 þāt hie ... wid þe môton wordum wrix lan — 431; 1672;

δ. mit vorhergendem Inf. im Nebensatze:
347 þät we hinc swâ gôdne grêtan môton — 442.

Im Praet., und zwar

β. mit folgendem Inf. im Nebensatze:
736 þät he mâ môste manna cynnes þicgean — 707, 2798;

γ. mit vorhergehendem Inf. im Hauptsatze:
168: nô he þone gif-stôl grêtan môste — 2505; 2828;

δ. mit vorhergehendem Inf. im Nebensatze:
895 þät he beáh-hordes brûcan môste selfes dôme — 962; 1089; 1629; 1876; 1999; 2039; 2242; 2985; 3054; 3101.

b) môtan eine physische Notwendigkeit bezeichnend. Das Hülfsverb steht im

Praes., und zwar

α. mit folgendem Inf. im Hauptsatze:
2887: lond-rihtes môt þaere maeg-burge monna aeghwylc ídel hweorfan.

Im Praet., und zwar

δ. mit vorhergehendem Inf. im Nebensatze:
2574: þaer he þŷ fyrste forman dôgore wealdan môste, swâ him Wyrd ne gescrâf, hrêd ät hilde.

Heyne (Beów.-Gloss. unter môtan) übersetzt und erklärt diese Periode folgendermassen: da er zu dieser Zeit das erste Mal walten musste, wie ihm das Schicksal [bis jetzt noch] nicht beschieden [hatte], der berühmte beim Kampfe (d. h. er musste zum ersten Male den Feind in einem Schwertkampfe angreifen, in dem ihm das Geschick den Sieg versagte, vgl. 2681. 2683 ff.).

Von mehreren Inff., welche von môtan abhängen, findet sich nur

Doppelter Inf.

α. asyndetisch:
1940 þät hit sceaden-mael scyran môste, cwealm-bealu cŷdan;

β. syndetisch:
186 wel bið þām þe môt āfter deáð-dæge drihten sêccan
and tô fäder fäðmum freoðo wilnian;
γ. copulativ:
2125: nôðer hy hine ne môston ... deáð-wêrigne Denia
leóde bronde forbārnan, ne on bael hladan leófne mannan.
In mehreren Fällen ist bei môtan im abhängigen Satze
ein Inf. aus dem Verbum des negierenden Satzes zu ergänzen:
604: gned eft se þe môt (sc. gân) tô medo môdig — 1178
brûc þenden þu môte (sc. brûcan) manigra mêda — 1388:
wyrce se þe môte (sc. wyrcan) dômes aer deáðe — 1487:
þāt ic gum-cystum gôdne funde beága bryttan, breác þonne
môste (sc. brûcan) — 2248: heald þu nu hruse, nu hāled
ne môston (sc. healdan), eorla aehte.

Der Inf. in Abhängigkeit von þurfan.

Die Anwendung von þurfan als Begriffsverb in der Bedeutung „bedürfen", welche im Ags. noch hin und wieder anzutreffen ist (vgl. Koch II, p. 22 No. 12), findet sich in unserem Gedichte nicht, wo mit scheinbarer Ausnahme eines Falles: v. 2364 (s. unten) stets ein Inf. hinzugefügt ist. Die Bedeutung, in der þurfan sich findet, ist besonders die von „brauchen", aber auch vereinzelt die von „können", z. B. 2873, 2364 und 2996. In Übereinstimmung mit der Sprache Otfrids (vgl. Erdmann I, 202) und der des Héliand (vgl. Steig, p. 329) findet sich dieses Hülfsverb im Beówulf nur in negativen Sätzen, sei es, dass die Negierung formell durch eine Negationspartikel angedeutet ist, oder dass sie sich aus dem Sinne ergiebt. Jedoch lassen sich im Ags. auch Beispiele für das Vorkommen in positiven Sätzen belegen (vgl. Grein: Glossar unter þurfan No. 2). — Im Beów. ist nur in einem Falle die Negierung nicht formell ausgedrückt: v. 2496: näs him aenig þearf, þāt he ... sêccan þurfe wyrsan wîg-frecan, weorðe geeýpan; die Verneinung des Hauptsatzes teilt sich dem Nebensatze mit: „Nicht war ihm Not, dass er suchen musste..."
= „nicht brauchte er zu suchen..."

Was die Stellung des Inf. angeht, so lässt sich hier Folgendes beobachten:

Das Hülfsverb steht im

**Praes.**, und zwar

α. mit folgendem Inf. im Hauptsatze:
445 nâ þu minne þearft hafalan hýdan — 450;

β. mit folgendem Inf. im Nebensatze:
596: þāt he þā faehðe ne þearf, atole ecg-þräce cówer leóde swiðe onsittan;

γ. mit vorhergehendem Inf. im Hauptsatze:
2007: swâ ne gylpan þearf;

δ. mit vorhergehendem Inf. im Nebensatze:
1675: þāt þu him ondraedan ne þearft — 2742.

**Praet.**, und zwar

α. mit folgendem Inf. im Hauptsatze:
2996: ne þorfte him þā leán ôdwitan mon on middangearde;

γ. mit vorhergehendem Inf. im Hauptsatze:
157: ne þaer aenig witena wênan þorfte beorhte bôte tô banan folmum. — 1026; 1072; 2873;

Doppelter Inf. von einem Hülfsverb abhängig findet sich nur in dem oben besprochenen v. 2496.

Auch begegnen wir hier nur in einem Falle der Auslassung eines Inf. und zwar des Inf. des Verb. subst. in v. 2364: nealles Hetware hrēmge (sc. wesan) þorfton fêðe-wiges.

Der Inf. in Abhängigkeit von durran.

Für die vorliegende Dichtung musste dieses Verb unter den Begriffsverben angeführt werden, da es nur als solches in der Bedeutung von „wagen" vorkommt, während seine Verwendung als Hülfsverb in der Bedeutung „dürfen" sonst dem ags. Sprachgebrauche nicht fremd ist, wie die bei Koch (p. 28 No. 7) angeführten Beispiele zeigen. Ne. ist das Begriffsverb durch seine schwache Flexion von dem stark flektierenden Hülfsverb geschieden.

Auch durran scheint ebenso im Ags. wie im As. (vgl. Steig p. 330) mit Vorliebe in negativen Sätzen verwandt worden zu sein. Von den 32 von Grein im ags. Gloss. angeführten Stellen sind 17 voll negativ und 6 haben negativen Sinn. Im Beówulf speciell stellt sich das Verhältnis so: von 8 Fällen sind 3 voll negativ, 1 mit negativem Sinne und 4 positiv.

Was die Stellung des Inf. betrifft, so ergiebt sich Folgendes: Das Verbum steht im

Praes., und zwar

$\beta$. mit folgendem Inf. im Nebensatze:

527: gif þu Grendles dearst niht-longne fyrst neán bidan;

$\delta$. mit vorhergehendem Inf. im Nebensatze:

685 gif he geséccan dear;

Im Praet., und zwar

$\alpha$. mit folgendem Inf. im Hauptsatze:

1934 naenig þät dorste deór genédan;

$\beta$. mit folgendem Inf. im Nebensatze:

2849 þá ne dorston aer daredum lácan;

$\delta$. mit vorhergehendem Inf. im Nebensatze:

1463 se þe gryre-sídas gegán dorste.

Doppelter Inf. findet sich mit asyndetischer Anreihung: 1469: selfa ne dorste ... aldre genédan, driht-scype dreógan — 2734 näs se folc-cyning ymbe-sittendra aenig þára, þe mec gúd-winum grétan dorste, egesan þeón; es liegt hier in dem Nebensatze ein negativer Sinn, während er äusserlich positiv ist.

In einem Falle ist die Ergänzung eines Inf. aus dem Verbum des regierenden Satzes vorzunehmen:

1380 séc gif þu dyrre (sc. sécan).

Der Inf. in Abhängigkeit von cunnan.

In den meisten Fällen hat cunnan seine ursprüngliche Bedeutung als Begriffsverb (kennen, wissen) bewahrt, so durchweg im Got. (Köhler p. 428) und bei den ahd. Übersetzern

(Denecke p. 13), und vertritt nur in einigen Fällen bei Otfrid die Funktion eines Hülfsverbs (Erdmann p. 202); für den Héliand bringt Steig (p. 330 f.) 3 Beispiele bei mit einfachem Inf. und sogar 1 Beispiel mit präpositionalem Inf. (p. 490), wo er jedoch kan die Bedeutung von giuuald hebbian zuschreibt.

Im Ags. bezeichnet cunnan sowohl ein intellektuelles als auch ein physisches Können. Für die erstere Bedeutung finden sich im Beów. folgende Fälle:

50: men ne cunnon secgan, und 90; 182;

für die letztere:

1747 him bebeorgan ne con wom wundor-bebodum wergan gåstes, und 1446; 2373.

Die Stellung des Inf. angehend, ergiebt sich Folgendes: Das Hülfsverb steht im

Praes., und zwar

α. mit folgendem Inf. im Hauptsatze:

50 men ne cunnon secgan;

γ. mit vorhergehendem Inf. im Hauptsatze:

1747 him bebeorgan ne con;

Im Pract., und zwar

β. mit folgendem Inf. im Nebensatze:

90 sägde se þe cûðe ... reccan;

γ. mit vorhergehendem Inf. im Hauptsatze:

182 ne hie hûru heofena helm hêrian ne cûðon;

δ. mit vorhergehendem Inf. im Nebensatze:

1446 seó þe bân-côfan beorgan cûðe — 2373.

Der Inf. in Abhängigkeit von wîtan.

Dieses Verbum ist eigentlich ein Begriffsverbum, wird aber in der 1. P. Pl. Praes. Conj. (wuton, uton) auxiliar. Als Begriffsverb findet es sich v. 2742 gebraucht, als Hülfsverb in folgenden Fällen:

uton 1391: uton hrade fêran — 3102: uton nu êfstan ... seón and sêccan — wuton 2649: wutun gangan.

Die Konstruktionsweise gleicht vollkommen der von as. uuita (vgl. Grimm IV, 90 und Steig p. 344 f.).

### §. 5.
### Der Inf. in Abhängigkeit von den Verben der Bewegung.

Bei diesen an sich selbständigen Verben drückt der Inf. eine nähere Bestimmung aus: entweder die Weise der Bewegung oder eine sie begleitende Handlung oder den Zweck der Bewegung. Der bei diesen Verben stehende Inf. ist in den im Beów. sich findenden Beispielen und wohl auch sonst im Ags. der reine Inf., während im Got. auch der präpositionale Inf. zur Bezeichnung des Zweckes verwandt wird (Köhler p. 453 ff.). Das Ahd. (Erdmann I, § 334, p. 204) und Altnd. (Steig p. 337 ff. und 492 f.) stimmen hierin mit dem Got. überein. Es kommen für den Beów. folgende Verba in Betracht: gewítan; gangan, gegân; cuman, becuman; fêran.

### Der Inf. in Abhängigkeit von gewítan.

Dieses in unserem Texte am meisten gebrauchte Verb der Bewegung erscheint in den got. Sprachdenkmälern gar nicht, während es im Hêliand dieselbe ausgedehnte Verwendung wie im Beów., und zwar auch immer mit dem präpositionslosen Inf., findet. Die im Beów. vorkommenden Fälle sind:

a) die Weise der Bewegung oder eine sie begleitende Handlung wird ausgedrückt:

α. in Verbindung mit fêran:

26: him þâ Scyld gewât tô gescäp-hwîle fela-hrôr fêran on freán wäre — 301 gewiton him þâ fêran;

β. mit rídan:

234 gewât him þâ tô warode wicge rídan þegn Hrôdgâres — 854 þanon eft gewiton eald-gesídas ... mearum rídan;

γ. mit faran:

123 þanon eft gewât hûde hrêmig to hâm faran;

δ. mit fleón:
1264 he þâ fûg gewât, mordre gemearcod mau-dreám fleón;
ε. mit tredan:
1964 gewât him þâ se hearda mid his hond-scole sylf æfter sande sae-wong tredan;
ζ. mit scrîdan und scyndan:
2570 gewât þâ byrnende gebogen scrîdan tô, gescîfe scyndan.
Beide Inff. sind dem Verb asyndetisch beigeordnet;
η. mit beran, die Handlung bezeichnend:
291 gewîtad ford beran waepen and gewaedu.
b) Der Zweck der Bewegung wird ausgedrückt:
α. neósian:
115 gewât þâ neósian — 125 gewât ... mid þaere wälfylle wîca neósan — 2388 and him eft gewât Ongeþiówes hâmes niósan — 3045: nyder eft gewât dennes niósian.
Zwei Inff. asyndetisch abhängig:
1126 gewiton him þâ wîgend wîca neósian, ... Frysland gescón;
β. mit sêcean:
2820: him of hrede gewât sâwol sêcean — 2950 gewât him þâ se gôda mid his gädelingum, frôd fela-geômor fâsten sêcean;
γ. mit seón.
1275: þâ he heán gewât, dreâme bedaeled deád-wîc seón;
δ. mit sceáwian:
2402 gewât þâ twelfa sum torne gebolgen dryhten Geáta dracan sceáwian;
ε. mit drêfan:
1904: gewât him on fd-nacan, drêfan deóp wäter.
In allen diesen Fällen steht der Inf. dem Verbum nach.
Anm.: Ausser gewîtan wird auch das Simplex wîtan, aber nur in bestimmten Formen (uton, wuton) mit dem Inf. verbunden (s. unten). In vielen Fällen ist „gewîtan" ohne Inf., nur mit Präpositionen oder Adverbien konstruiert: 42. 210. 663. 1237. 1361. 1480. 1602. 1904. 2461. 2472. 2625.

Der Inf. in Abhängigkeit von cuman und becuman:
1. cuman mit dem Inf.

a) Die Weise der Bewegung oder eine sie begleitende Handlung wird ausgedrückt; es ist dieses die häufigste Gebrauchsweise von cuman.

*α.* in Verbindung mit gangan:
323 þá hie tó sele furdum in hyra gyre-geatwum gangan ewômon (mit vorhergehendem Inf. im Hauptsatze). — 711 þá com of móre under mist-hleodum Grendel gongan (mit folg. Inf. im Hauptsatze). — 1163 þá cwom Wealhþeó ford gán under gyldnum beáge (Stellung dieselbe). — 1645 þá com in gán ealdor þegna (Stellung dieselbe). — 1641 ód þǽt semninga tó sele cômon frome fyrd-hwate feówer-tyne Geáta gongan (mit folg. Inf. im Nebensatze). — 1973 þǽt þaer ... wigendra hleó ... cwom ... tó hofe gongan (Stellung dieselbe);

*β.* mit faran:
2915 syddan Higeláe cwom faran flot-herge on Fresna land (mit folg. Inf. im Nebensatze) — 2945 þá se góda com leóda dugode on lást faran (mit folg. Inf. im Hauptsatze);

*γ.* scrídan:
650 odde nípende niht ofer ealle, scadu-helma gesceapu scrídan cwôman (mit vorhergeh. Inf. im Hauptsatze). — 703 com on wanre niht scridan sceadu-genga (mit folg. Inf. im Hauptsatze);

*δ.* laedan:
238 þe þus brontne ceól ofer lagu-stracte laedan cwômon (mit vorhergeh. Inf. im Nebensatze);

*ε.* sídian:
721 com þá tó recede rinc sídian dreámum bedaeled (mit folg. Inf. im Hauptsatze);

*ζ.* swymman:
1624 com þá tó lande lid-manna helm swíd-môd swymman (mit folg. Inf. im Hauptsatze);

η. scacan:
1803 þá com beorht sunne scacan ofer grundas (mit folg. Inf. im Hauptsatze).

b) Der Zweck der Bewegung wird ausgedrückt. Das Got. bietet in diesem Falle an einer Stelle einen Satz mit ei (Köhler p. 454), während das As. (Steig p. 337 f. und 492) einigemale den präpositionalen Inf. in Anwendung bringt. Im Beów. finden sich folgende Belege:

α. mit neósan:
2074 syddan ... gäst yrre cwom ... ûser neósan (mit folg. Inf. im Nebensatze) — 2670 äfter þâm wordum wyrm yrre cwom ... fiónda niósan (mit folg. Inf. im Hauptsatze);

β. sêccan:
267 we þurh holdne hige hláford þinne ... sêcean cwômon (mit vorhergeh. Inf. im Hauptsatze). — 1598 þät he sige-hrêdig sêcean côme maerne þeóden (mit vorhergeh. Inf. im Nebensatze);

γ. grêtan:
2010 ic þaer furdum cwom, tô þam hring-sele Hrôdgâr grêtan (mit folg. Inf. im Hauptsatze);

2. becuman mit dem Inf.

a) Die Weise der Bewegung oder eine sie begleitende Handlung wird ausgedrückt:

α. mit hlynnan:
2553 stefn in becom heado-torht hlynnan under hârne stân (mit folg. Inf. im Hauptsatze).

b) Der Zweck der Bewegung wird ausgedrückt:

α. niósan:
2366 lyt eft becwom fram þam hild-frecan hâmes niósan (mit folg. Inf. im Hauptsatze).

Sonst finden sich im Beów. keine Beispiele für den Inf. bei becuman, wofür mir auch im Got. u. As. keine Fälle bekannt geworden sind. — Was die Stellung des Inf. angeht, so überwiegt die logische Folge bei weitem.

Anm. Eine feste Regel, wann cuman (bez. becuman) mit und wann ohne Inf. gebraucht wird, lässt sich nicht aufstellen. Nur glaube ich bemerkt zu haben, dass in dem Falle, in welchem das Subjekt dieser Verben ein Abstraktum ist, insbesondere bei Bezeichnungen der Tageszeiten, die Hinzusetzung eines Inf. vermieden wird.

Der Inf. in Abhängigkeit von gangan und gegân.

Bei diesen Verben scheint die Inf.-Konstruktion im Ags. nicht so beliebt gewesen zu sein, wie bei den vorhergehenden. An Stelle dieses Inf., der im Ags. immer eine finale Bedeutung hat, tritt jedoch niemals ein Substantivsatz, wie im Got. (Köhler p. 454) und As. (Steig p. 340).

1. gangan mit dem Inf.

b) Der Zweck der Bewegung wird ausgedrückt:

α. sceáwian:

1413 he feŕra sum beforan gengde wîsra monna, wong sceáwian (mit folg. Inf im Hauptsatze). — 2744 nu þu lungre geong, hord sceáwian under hârne stân (Stell. dieselbe) — 3032 eodon unblîde under Earna näs wollen-teáre wundur sceáwian (Stellung dieselbe);

β. seón (gescón):

386 hât hig in gân seón sibbe-gedriht samod ätgädere (mit folg. Inf.) — 919 eode sceale monig swið-hicgende tô sele þam heán, scaro-wundor seón (Stell. dieselbe) — 395 nu ge môton gangan . . . Hrôdgâr geseón (Stellung dieselbe);

γ. sittan:

493 þaer swið-fehrde sittan eodon þrydum dealle (mit vorhergehendem Inf. im Hauptsatze.) — 641 eode gold-hroden freólîcu folc-cwên tô hire freán sittan (mit folg. Inf. im Hauptsatze);

δ. neósan:

1786 Geát . . . geóng sôna tô, setles neósan (mit folg. Inf. im Hauptsatze);

ε. helpan:
2649 wutun gangan tô, helpan hild-fruman (mit folg. Inf. im Hauptsatze);

ζ. grêtan:
1645 þû com in gân ealder pegn ... Hrôdgâr grêtan (mit folg. Inf. im Hauptsatze).

In den beiden letzten Fällen ist zu beachten, dass der Inf. des Begriffsverbs abhängig ist von dem Inf. eines Verbums der Bewegung, welches wiederum von einem solchen regiert wird.

2. gegân mit dem Inf.

b) Der Zweck der Bewegung wird ausgedrückt:
1277 and his môdor .... gegân wolde .... suna deád wrecan (mit folg. Inf. im Hauptsatze).

Die Stellung des Inf. ist mit Ausnahme eines Falles (493: sittan codon) immer die regelmässige.

Anm. Nur in einem Falle könnte man geneigt sein, bei gangan den Inf. eines Verbums der Bewegung zu ergänzen: 1401 wîsa fengel geatolic gengde. Hier müsste gangan die Bedeutung von rîdan haben, wie man leicht aus dem Zusammenhange ersehen kann, wenn man nicht vorzieht gengde rîdan zu setzen, welcher Verbindung theoretisch nichts im Wege stehen würde; doch mir ist keine Analogie bekannt, daher fasse ich hier gengde allgemein als Verbum der Bewegung.

Der Inf. in Abhängigkeit von fêran.

Dieses Verbum gleicht in der Bedeutung ganz dem Verbum gangan, mit welchem es auch in der Gebrauchsweise übereinstimmt. In einem der zur Vergleichung herangezogenen Dialekte ist mir ein dem ags. fêran entsprechendes Verbum nicht bekannt geworden. Im Beów. finden sich zwei Belege für den Gebrauch von fêran mit dem Inf., welcher

b) den Zweck der Bewegung ausdrückt
840 fêrdon folc-togan feorran and neán geond wîd-wegas

wundor sceáwian — 1391 uton hrade féran, Grendles
mâgan gang sceáwigan.
In beiden Fällen folgt der Inf. dem regierenden Verbum nach.

Anm. Was die Auslassung eines Inf. bei einem Verbum der Bewegung angeht, so ist das bei den Hülfsverben Bemerkte zu vergleichen.

§. 6.
Der Inf. in Abhängigkeit von Begriffsverben.

Der reine Inf. steht als Objekt bei transitiven Begriffsverben. Es lässt sich der reine Inf. bei folgenden einzelnen Verben oder Gruppen von Verben beobachten.

I. onginnan.

Dieses Verbum hat im Ags., wie im Got. (Köhler p. 432) und As. (Steig p. 331 f.), viel von der Natur eines Hülfsverbs an sich, und mit Recht durfte Steig es zu der Klasse dieser Verben zählen; denn in vielen Fällen wird es in Verbindung mit einem Inf. zur periphrastischen Bildung der Tempora verwandt. Für das Got. weist Köhler (l. c.) darauf hin, dass „duginnan" zweimal auch zur Umschreibung des Fut. dient Luc. 6, 25 und Phil. 1, 18. Für das As. ist besonders Héliand, V. 2497 charakteristisch:

than biginnid imu thunkean . . . than thunkid imu that he . . .
wo das zweite Mal einfach thunkid gesetzt ist als rhetorische Wiederholung für biginnid thunkean, welchem erst jetzt der abhängige that-Satz folgt. Wie weit man die auxiliare Verwendung von onginnan in den im Beów. sich findenden Fällen annehmen kann, lässt sich wegen der subjektiven Auffassung, welche hierbei obwaltet, nicht unbedingt feststellen. Meiner Ansicht nach überwiegt der auxiliare Gebrauch, und ich werde im Folgenden die nicht darunter fallenden Fälle mit einem Sternchen bezeichnen.

Was die Stellung des Inf. angeht, so findet in der Regel die logische Wortfolge statt; jedoch tritt in einem Falle Inversion ein:

244 nô her cûdlícor cuman ongunnon lind-häbbende;
Beispiele mit regelrechter Wortfolge sind:
100: ôd þāt ân ongan fyrene fremman — 2211: ôd þät ongan deorcum nihtum draca rícsian — * 1606 þa þät sweord ongan äfter heaðo-swâte hilde-gicelum wīg-bil wanian — * 1984 Higelâc ongan sinne geseldan in sele þam heán fägre friegean — 2112 hwîlum eft ongan eldo gebunden, gomel gûd-wîga giogude cwîdan hilde-strengo — 2702 ḷāt þät fyr ongan swedrian siddan — 2879 and (ic) ongan swâ þeâh ofer mîn gemet maeges helpan — 2791 he hine eft ongon wäteres weorpan — 3144 ongunnon þâ on beorge bael-fŷra maest wigend weccan.
In einigen Fällen sind mehrere Inf. von onginnan abhängig, ohne dass dieses wiederholt wird:

Doppelter Inf.

*α*. asyndetisch:

* 2045 . . . onginned geômor-môd geongne cempan þurh hredra gehygd higes cunnian wîg-bealu weccean — 2313 ḷâ se gäst ongan glêdum spîwan, beorht hofu bärnan;

*β*. syndetisch:
* 2712 þâ sió wund ongan . . . swêlan and swellan.

Drei Infinitive.

*β*. syndetisch:
872 secg eft ongan sîd Beówulfes snyttrum styrian and on spêd wrecan spel geráde, wordum wrixlan.
Der letzte Inf. ist nur Apposition zu dem zweiten, daher vor diesem and steht.
In einem Falle nur (v. 409) ist ein Nomen als näheres Objekt von onginnan abhängig. Ein Beispiel für den präpositionalen Inf. findet sich im Beów. nicht, obwohl das Ags. auch diesen zeigt (vgl. Mätzner³ 2² p. 7 and Koch p. 61).

II. Die Verben des Lassens.
(Zulassens, Veranlassens.)
Von den Verben dieser Bedeutung finden sich in un-

serem Texte nur laetan und die Composita â-laetan und for-laetan mit dem Inf. konstruirt, und zwar ist da die Konstruktion die des Acc. c. Inf. (vgl. Kap. IV, p. 7 f.), weshalb die einzelnen Fälle erst dort zur Besprechung kommen werden. Für die auxiliare Verwendung von laetan ist mir im Beów. kein Beispiel aufgestossen, obwohl sich sonst auch im Ags. Belege für diesen Gebrauch finden: Andreas 397: laet nu geferian flôtan ûserne tô lande (vgl. Grein: Gloss. sub laetan No. 2\*); auch das Ahd. kennt diesen Gebrauch wohl (Erdmann p. 206 § 339). Das Got. (Köhler p. 449) und As. (Steig p. 334) gleichen hierin dem Ags. haben jedoch im Ags. laetan, âlaetan und forlaetan die Bedeutung: „verlassen", „zurücklassen", so findet sich bei ihnen niemals der Inf. Laetan findet sich im Beów. nicht in dieser Bedeutung; âlaetan ist jedoch 2592 und 2751 mit „verlassen" zu übersetzen, und es ist davon ein näheres substantivisches Objekt abhängig; forlaetan findet sich V. 2788 in der Bedeutung „zurücklassen" ohne Inf. mit einem näheren persönlichen Objekt konstruirt.

### III. Die Verben des Heissens, Befehlens.

Der blosse Inf. steht bei hâtan (bzw. gehâtan) in der Bedeutung: „heissen, befehlen, anweisen". Wie im Got. (Köhler p. 444 f.), As. (Steig p. 313, 334 u. 376) und Ahd. (Erdmann p. 207 § 340), so ist auch im Ags. nach diesem Verbum eine zweifache Inf.-Konstruktion möglich: die mit dem einfachen Inf. und die mit dem Acc. c. Inf. Die erstere Konstruktionsweise ist die häufigere, und zwar ist der dabei stehende Inf. stets ein pass. Inf. (vgl. Kap. I p. 7 f.). Es sei hier noch auf die Inversion des Inf. im Hauptsatze aufmerksam gemacht: 675 and gehealden hêt hilde-geatwe — 3096 and cówic grêtan hêt;

---

\*) Dieses Beispiel dürfte Koch's Behauptung (p. 34 No. 16), dass das ags. laetan nur Begriffsverb sei, und erst das Nags. sich dem auxiliaren Gebrauche zuneige, hinfällig machen.

ferner ist zu beachten, dass einmal das regierende Verb beim zweiten Inf. wiederholt wird:

1808 hêht þâ se hearda Hrunting beran, sunu Ecglâfes, hêht his sweord niman;

während an einer andern Stelle drei Inf. in syndetischer Beiordnung von einem Verbum abhängen;

1115 hêt þâ Hildeburh āt Hnāfes âde hire selfre sunu sweolode befästan, bân-fatu bärnan and on bael dôn.

V. 1787 ist hâtan in der Bedeutung „heissen" ohne Inf. konstruirt; es ist der Inf. neósan' zu ergänzen, sodass der Satz vollständig heissen müsste: swâ se snottra hêht neósan.

IV. Die Verben des Begehrens und Beabsichtigens.

Zu dieser Klasse zählen: wŷscan, lystan, wênan, biddan, wearne geteón; þencan, myntan, fundian, gehycgan.

### wŷscan.

Dieses Verbum findet sich im Beów. nur an einer Stelle und dort ist es mit dem Inf. konstruirt, während die regelmässige Konstruktion die mit þāt gewesen zu sein scheint (vgl. die bei Grein im ags. Gloss. angeführten Belege).

Es hat die logische Wortfolge statt:

2240: weard wine-geômor wiscte þūs yldan, þāt . . .

Der Substantivsatz ist von yldan abhängig:

### lystan.

Dieses ein verb. impers., wird gewöhnlich mit dem acc. pers. und dem gen. rei konstruirt ebenso wie das as. lustean (Heyne: Hêl. Gloss.). An der einzigen Stelle, an welcher lystan sich im Beów. findet, steht anstatt des Gen. ein Inf., wie dieses noch häufiger im Ags. anzutreffen ist (vgl. Grein im ags. Gloss. unter lystan). Im Got. ist der Ausdruck luston habban mit einfachem Inf. anzutreffen (Köhler p. 437). Das im Beów. auftretende Beispiel ist folgendes:

1794 Geát ungemetes wel, rôfne rand-wigan restan lyste;

Beachtenswerth ist noch die Voranstellung des Inf., welche auch, mit Ausnahme eines Falles (Metra 10[18]), in allen von Grein angeführten Belegen statt hat.

wênan.

Das got. venjan wird häufiger mit dem einfachen Inf. angetroffen (Köhler p. 437), während Otfrid und die ahd. Uebersetzer diese Konstruktion auffallenderweise vermeiden. Für den Héliand bringt Steig zwei Beispiele bei (p. 335). Den einfachen Inf. nehme ich bei wênan im Beów. an:
185 (he sceal) frôfre ne wênan wihte edwendan.
Die nähere Erklärung des ganzen Satzgefüges ist gegeben unter sculan p. 15.
In einem Falle steht der Acc. c. Inf. bei wênan (vgl. Kap. IV).

biddan.

Der einzige hier in betracht kommende Fall ist:
618 bäd hine blîdne (wesan) ät þaere beór-þege.
Die Auslassung des verb. subst. hat nichts Auffallendes. Jedoch könnte man im Zweifel sein, ob eine einfache Inf.- oder eine Acc. c. Inf.-Konstruktion vorliegt. Um das Letztere annehmen zu können, müsste man Ellipse eines zweiten acc. hine annehmen; denn das vorhandene hine gehört zu bäd, wie man leicht ersieht, wenn man V. 1995 vergleicht: Ic þe lange bäd, þät þu þone wäl-gaest wihte ne grêtte; hier ist das Objekt zu bäd (þe) zugleich Subject des Substantivsatzes, welcher als Acc. c. Inf.-Satz lauten: würde þe þone ... ne grêtan. — Nach meiner Auffassung liegt in dem oben gegebenen Beispiele die einfache Inf.-Konstruktion vor, wie überhaupt der Acc. c. Inf., welchen Apelt (p. 296) für das Got. bei bidjan als eine Nachahmung des griech. Originals ansieht, da der Gote in anderen Fällen dieser Konstruktion aus dem Wege geht, im Ags. bei biddan selten zu sein scheint; im Beów. finden sich noch zwei Fälle der Auflösung des Inf. in einen Satz mit þät: 176 u. 3097, obwohl in beiden Fällen regierender und regierter Satz verschiedenes Subject zeigen.

wearne geteón.

Zu den Verben des Begehrens und Wollens gehört auch

der Ausdruck wearne geteón, welcher ein Nichtwollen, Verweigern enthält. Dieser Ausdruck findet sich 366 mit dem Inf. verbunden: nô þu him wearne geteóh, þinra gegn-cwida glädnian, Hrôdgâr! Die Lesart glädnian ziehe ich der von gläd man, welche unter andern auch Grein hat, vor, da sie dem Sinne mehr entspricht. Eine Antwort wird jedenfalls den draussen Harrenden zu teil, aber durch glädnian wird zugleich ausgedrückt, dass Wulfgâr seinen Herrn um eine günstige Antwort bittet. — Freilich findet sich eine ähnliche Konstruktion im Beów. nicht.

þencan.

Für das entsprechende altnd. Verbum thenkan giebt Steig (p. 491) nur Belege mit präpositionalem Inf., welcher im Ags. nur selten anzutreffen ist (vgl. Mätzner [3] 2[2], p. 24). Für den Beów. entfallen für das Simplex jegliche Fälle dieser Art; nur das Compositum âþencan hat in der Bedeutung „beabsichtigen", „wollen" auffallenderweise den Inf. mit tô nach sich (vgl. Kap. III, § 9). Bei dem einfachen þencan steht in folgenden Fällen der Inf.:

354 þâ andsware ... þe me se gôda âgifan þenceđ —
448 blôdig wäl, byrgean þenceđ — 540 wit unc wiđ hronfixas werian þôhton — 740 ne þât se aglaeca yldan pôhte
— 1536 þonne he ât gûđe gegân þenceđ longsumne lof...

Beachtenswert ist, dass in allen Fällen der Inf. dem regierenden Verbum vorhergeht, sowohl im Hauptsatze als auch im Nebensatze.

Doppelter Inf.

ist von þencan abhängig:

801: and on healfa gehwone heáwan þôhton, sâwle sêcan.

Nur in der Bedeutung „beabsichtigen", „wollen" steht bei þencan der Inf., während es, wenn es die Bedeutung „Gedanken haben", „denken" hat, absolut konstruiert wird, oder ein substantivisches Objekt nach sich hat (vgl. 289, 1140, 2602, 692).

## myntan

ist ein ziemlich selten gebrauchtes Verb. Es hat im Beów. den einfachen Inf. nach sich:

713 mynte se mán-scada manna cynnes sumne besyrwan.

### Doppelter Inf.

findet sich syndetisch beigeordnet:

763 mynte se maera... widre gewindan and on weg þanon fleón on fen-hópu.

In V. 732: mynte þät he gedaelde ist myntan mit pät konstruiert, obwohl beide Sätze das gleiche Subjekt haben. Sonst kommt dieses Verbum im Beów. nicht vor.

### fundian.

Das as. fundòn wird mit präpositionalem Inf. konstruiert (Steig p. 492); im Ags. folgt ihm der einfache Inf. Im Beów. findet sich für diese Konstruktion ein Beleg:

1820 we fundiad Higelác sécan.

An der einzigen anderen Stelle, an der es sich sonst noch findet (1138), ist es absolut gebraucht.

### gehycgan

findet sich nur an einer Stelle im Beów. und zwar mit dem Inf. verbunden:

1989 þá þu... feorr gehogodest sácce sécean.

Das Simplex und die sonstigen Composita dieses Verbuns haben immer þät nach sich: hycgan 633; for-hycgan 435; oferhycgan 2346, obwohl in allen Fällen Haupt- und Nebensatz dasselbe Subjekt haben. Im As. ist das Simplex huggian immer mit dem Inf. (Steig p. 335 f.) verbunden, während gehuggian einen Substantivsatz nach sich hat. Für das Got. hat Köhler (p. 440) für huggian an zwei Stellen den Acc. c. Inf. festgestellt.

### þyncan.

An letzter Stelle dieser Klasse von Verben sei noch auf þyncan aufmerksam gemacht. Nach diesem Verbum ist kein Inf. anzutreffen, aber es muss stets Ellipse des Inf.

des Verb. subst. angenommen werden. Im Beów. findet sich þyncan sowohl persönlich als auch unpersönlich konstruiert, und zwar überwiegt der letztere Gebrauch.

Persönlich konstruiert ist es:
368 hy ... wyrđe (sc. wesan) þincead eorla geaehtlan.

Unpersönlich:
688 swâ him gemet þince — 843 nô his lîf-gedâl sâr-lîc þûhton — 1342 þâs þe þincean mäg þegne monegum ... hređer-bealo hearda — 1749 þinced him tô lytel, þāt he ... — 2462 þûhte him eall tô rûm — 2654 ne þynced me gerysne, pāt we ... — 3058 swâ him gewet þûhte.

Ulfilas setzt zu þugkjan in der Regel den blossen Inf. und nur in drei Fällen ei (vgl. Köhler p. 439). Im Ahd. finden sich keine Belege für den Inf. bei dunkan, dagegen nimmt Steig (p. 336) auch für das Altnd. die Ellipse von vesan au und stellt den nur impersonalen Gebrauch von thunkian fest.

V. Die Verben der sinnlichen oder geistigen Wahrnehmung.

Folgende Verba gehören zu dieser Gruppe: hŷran, gehŷran; gescón; gefrignan; findan, onfindan; ongitan. Von diesen sind jedoch nur hŷran und gefrignan mit dem einfachen Inf. verbunden. Für die übrigen Verben vgl. Kap. IV.

hŷran.

Die Belege für den einfachen Inf. bei hŷran aus dem Beów. sind:
273 swâ we sôdlîce secgan hŷrdon — 581 nô ic wiht fram þe swylcra searo-nîda secgan hŷrde — 875 þāt he fram Sigemunde secgan hŷrde.

In beiden Fällen steht der Inf. vor dem regierenden Verbum, was dem ganzen Ausdrucke, wie schon bemerkt (vgl. Kap. I, p. 7), etwas Formelhaftes verleiht. Weder das Got. noch die ahd. Übersetzer noch Otfrid bieten uns etwas Analoges, nur das As. weist dieselbe Konstruktion auf (Steig p. 336 f.).

In der Bedeutung „gehorchen" ist hýran niemals mit dem Inf. konstruiert (vgl. 66, 10, 2755).

gefrigan

hat in einem Falle zwei einfache Inff. nach sich:
74 þâ ic wîde gefrägn weorc gebannan manigre macgđe geond þisne middan-geard, folc-stede frätwan.

### VI. Die Verben des Gebens und Habens.

Für diese Klassen von Verben kommen für den Beów. nur sellan und habban in Betracht. Das gebräuchlichere Verb für geben = gifan findet sich im Beów. nicht mit dem Inf. verbunden, obwohl es auch im Ags. so konstruiert wird (z. B. Ps. 795), wenn auch diese Konstruktion nicht mehr in dem Umfange zur Verwendung kommen dürfte, wie im Got. (vgl. Köhler p. 435 ff.), vielmehr scheint es, als ob im Ags. nur noch die fast zu Substantiven gewordenen Inf. drincan und etan von gifan abhängig sein können. Nach habban steht im Beów. der präpositionale Inf. (vgl. Kap. III).

sellan.

Für den blossen Inf. bei sellan findet sich im Beów. nur ein Beispiel:
3056 nefne god sylfa sealde ... hord openian.

In einem Falle folgt nach sellan ein þät-Satz: 1901 he þám bât-wearde bunden golde swurd gesealde, þät he syddan wäs ... Das Subjekt des abhängigen Satzes bezieht sich auf bât-wearde und der ganze Satz drückt die Folge der Handlung des Hauptsatzes aus.

Über den präpositionalen Inf. bei sellan vgl. Kap. III,

### §. 6.

Der Inf. in Abhängigkeit von Adjektiven.

Der blosse Inf. in objektivischer Beziehung bei Adjektiven lässt sich im Beów. durch kein Beispiel belegen, obwohl diese Konstruktion dem Ags. durchaus nicht fremd ist (vgl. Beisp. bei Mätzner[3] 2², p. 42 f. und Koch II, p. 56, § 76). Fälsch-

lich zählt Mätzner (a. a. O. p. 44) noch folgende Stelle aus dem
Beów. hierher:
1651 wlite seón wrätlíc weras onsáwon.
Hier ist wlite-seón, wie schon Heyne gethan, als zusammengesetztes Substantiv, etwa wie wundor-seón, welches im gen. pl. wundor-seóna vorkommt (996), aufzufassen; schon die Stellung des seón vor dem Adj. bürgt für die Richtigkeit dieser Annahme.

## Kapitel III.
### Der syntaktische Gebrauch des präpositionalen Inf. im „Beówulf". *)

Der präpositionale Inf. ist in allen germanischen Dialekten anzutreffen, wenn ihm auch nicht überall ein so ausgedehntes Gebiet zuerkannt ist, wie dem blossen Inf. Die Präposition bedingt gewöhnlich zugleich auch eine Rektion des Inf., jedoch muss es auffallend erscheinen, dass gerade der älteste german. Dialekt, der gotische, den blossen Inf. nach der Präposition du folgen lässt.

Im Vergleich zu dem blossen Inf. kommt der präpositionale im Beów. nur sehr spärlich vor. Es findet sich nämlich nur die Präposition tó vor dem Inf., welcher alsdann gewöhnlich in der flektierten Form auftritt. Der flexionslose Inf. zeigt sich im Beów. nur an zwei Stellen (316 u. 2557).

Der blosse Inf. war, wie oben gezeigt, lediglich von Verben abhängig, und nur in einem doppeldeutigen Falle von einem Adjektiv. Der präpositionale Inf. dagegen zeigt trotz seines spärlichen Vorkommens eine viel freiere und vielseitigere Verwendung, und im Ne. überwiegt, wie bekannt, jetzt sein Gebrauch bei weitem. —

Im Got. und Ahd. ist es Regel, dass der Artikel þata

---

*) Sievers Korrektur der flektirten Inff : v. 1725; 473, 1942, 2094, 2563 in unflektirte (vgl. Paul u. Braune: Beiträge X pp. 255 f., 312, 482) aus rhythmischen Gründen kann hier nicht berücksichtigt werden, da bis jetzt noch keine vollständige kritische Ausgabe des Beów. vorliegt.

(bez. daz) vor den Acc. und Nom. des substantivierten Inf. tritt, welcher im Got. sogar ausserdem noch die Präposition du vor sich haben kann (vgl. Köhler p. 422). Jedoch wird auch der einfache Inf. ohne Artikel als Subjekt des Satzes gebraucht (p. 421). Das As. verwendet in keinem Falle der Substantivierung des Inf. den Artikel (Steig p. 487 f.), und auch für das Ags. ist mir kein Beispiel dieser Art bekannt geworden.

Gehen wir nun zur Besprechung der einzelnen im Beów. sich findenden Fälle des präpositionalen Inf. über. Ich werde hier so weit wie möglich die beim einfachen Inf. beobachtete Ordnung befolgen; jedoch werden zunächst einige Fälle des unabhängigen Gebrauchs des Inf. mit tô zu verzeichnen sein:

473 sorh is me tô secganne on sefan mínum gumena aengum, hwät me Grendel ...,

hier ist tô secganne, von welchem ein entfernteres Objekt (aengum) und ein näheres Objekt (der Satz mit hwät) abhängig sind, als Subjekt des Satzes zu fassen.

1922 näs him feor þanon tô gesêcanne sinces bryttan.

Der Inf. ist Subject und hat ein Objekt im Acc. (bryttan) bei sich.

2094 tô lang ys tô reccenne, hû ic ...

In diesem Beispiele ist der Inf. ebenfalls Subjekt und erhält als Objekt einen indirekten Fragesatz (hû ic ...).

In allen Fällen könnte als grammatikalisches Subjekt noch das unpersönliche hit hinzutreten, wie z. B. Boeth. 471,16: forþon hit is gôd gôdne tô hêrianne and yfelne tô leánne vgl. Mätzner'³ 2¹ p. 23).

## §. 7.

**Der präpositionale Inf. in Abhängigkeit von Hülfsverben.**

Ueber die passive Verwendung des präposit. Inf. beim Verb. subst. ist bereits Kap. I p. 8 gehandelt worden. Für die Abhängigkeit des Inf. mit tô von einem der sogenannten Hülfsverben fehlen jegliche Belege, während das Ahd. (Erdmann I p. 219 u. 349) und das As. (vgl. Steig p. 490) scheinbare Beispiele gewähren, aber auch nur scheinbare, denn der Inf. ist an den betr. Stellen nicht, wie schon Steig bemerkt, von dem Auxiliar abhängig, sondern von einem darin begrifflich enthaltenen Verbum.

§. 8.
Der präpositionale Inf. in Abhängigkeit von Verben der Bewegung.

Auch für diese Klasse von Verben entfallen für unsern Text jegliche Fälle der Verbindung mit einem präpositionalen Inf. (vgl. Kap. II, p. 29 § 5). Dadurch erscheinen diese Verben den Auxiliaren näher gerückt.

§. 9.
Der präpositionale Inf. in Abhängigkeit von Begriffsverben.

Es kommen hier für den Beów. nur zwei Kategorien in betracht:

I. Die Verben des Beabsichtigens und Begehrens:
Diese werden grösstenteils mit dem blossen Inf. verbunden (vgl. Kap. II, pag. 38 ff.). Hierher gehören:

â-þencan:
2643 þeáh þe hláford ûs þis ellen-weorc âna âþôhte tô gefremmanne.

In den übrigen Fällen wird es durch das Verb. simplex vertreten worden, welches den blossen Inf. bei sich hat.

gŷman
ist gleichfalls nur einmal mit dem Inf. konstruirt:
2452 ôdres ne gŷmed tô gebîdanne burgum on innan yrfe-weardes.

II. Die Verben des Gebens und Habens.

**sellan:**
Auch für dieses Verbum findet sich nur ein Beispiel im Beów.:
1731 (he) seled him on édle cordan wynne, tó hcaldanne hleó-burh wera.
Der Inf. drückt hier eine Absicht, einen Zweck aus. Ueber den blossen Inf. bei diesem Verbum vgl. Kap. I, p. 43.

**habban**
ist nur einmal und zwar mit dem präpositionalen Inf. belegt:
1851 þe Sae-Geátas sélran näbben tó gecósenne cyning ænigne = die See-Geátan haben keinen besseren zum König zu erwählen.
Im Got. steht bei haban in der Regel der einfache Inf. und zwar meist zum Ausdrucke des Fut. (vgl. Köhler p. 427); nur in einem Falle folgt du c. Inf. (l. c.). Gegen Grimm's Behauptung (IV p. 93), dass nur im Got. der blosse Inf. nach diesem Verbum steht, während alle übrigen Dialekte den Inf. mit der Präposition zeigen, beweist Steig (p. 343) in einigen Fällen die Analogie des Altnd. mit dem Got., bezüglich des Ausdruckes des Fut. Im Ags. ist mir kein derartiger Fall bekannt geworden.

### §. 10.
**Der präpositionale Inf. in Abhängigkeit von Substantiven und Adjektiven.**

Die Abhängigkeit von einem Nomen bedingt in unserem Texte immer den präpositionalen Inf., und man sieht leicht, dass dies das eigentliche Anwendungsgebiet dieses Inf. ist.

a) In Abhängigkeit von Substantiven:
Für das Got. (Köhler 459) und Ahd. (Erdmann I 213 und Denecke 69 f.) lässt sich beobachten, dass der von einem Substantiv abhängige Inf. die Präpotition du (bzw. zi) vor sich hat; das Altnd. dagegen besitzt die Fähigkeit den einfachen Inf. auch von einem Substantiv abhängen zu lassen (Steig

p. 344.). [Ueber einen Fall des einfachen Inf. im Got. vgl. unten.] Das Ags. stimmt mit dem Got. und Ahd. überein. Die im Beów. sich findenden Belege, welche übrigens das Subst. nur in Verbindung mit wesan zeigen, sind die folgenden:

wundor:
1725 wundor is tô secganne, hû mihtig god manna cynne...
Der Satz: hû ... ist Subjekt.
2556 näs þaer mâra fyrst freóde tô friclan.
Von dem Inf. ist hier ein Objekts-Akk. abhängig.

mael.
316 mael is me tô fêran.
Dieser Satz lässt eine zweifache Auffassung zu: als einfache Inf.-Konstruktion oder als Acc. c. Inf.-Konstruktion; im ersteren Falle ist me als Dat., im letzteren als Akk. zu nehmen. Für den Acc. c. Inf. spricht der Umstand, dass an einer anderen Stelle ein Satz mit „þät" an die Stelle des Inf. getreten ist.:
1009 þâ wäs sael and mael, þät tô healle gang Healfdenes sunu.
Dagegen lässt die Präposition tô auf eine einfache Inf.-Konstruktion schliessen. — Ein ganz gleicher Fall ist im Got. zu beobachten:

Röm. 13, 11 mel ist uns us slepa urreisan.

Grimm (IV, 115) und Köhler (p. 435) fassen uns als Akk. und den ganzen Satz als Acc. c. Inf., dagegen entscheidet sich Apelt (p. 292) für die einfache Inf.-Konstruktion, indem er uns für einen Dativ erklärt. Auffallend ist freilich der präpositionslose Inf., welcher jedoch, wie das Altnd. zeigt (Steig p. 344) als möglich zugegeben werden muss.

Beachtenswert ist in den beiden ags. Beispielen, dass der flexionslose Inf. nach tô steht.

b) In Abhängigkeit von Adjektiven.

Das Got. (Köhler p. 433 f.), das Ahd. (Erdmann p. 213 und Denecke p. 71) und das Altnd. (Steig p. 344 und 495 f.) lassen sowohl den präpositionalen Inf. als auch den blossen

Inf. bei Adjektiven zu; ebenso auch das Ags. (Mätzner[3] 2²,
p. 40 ff. und Koch II, p. 56, § 76 ff.), jedoch nur vereinzelt;
im Beów. findet sich kein Beispiel für den blossen Inf. bei
Adj. Für den präpositionalen Inf. bei Adjektiven in Verbindung mit wesan bietet dieser Text folgende Belege:

α. bei Adjektiven, welche die Bereitschaft, Ausrüstung
zu etwas ausdrücken: fús, gefýsed:
1805 waeron ädelingas eft tó leódum fúse tó farenne —
2562 þá wäs hring-bogan heorte gefýsed sæcce tó séceanne;

β. bei Adjektiven wie leicht, gut, bei denen eine Thätigkeit hinzuzufügen ist, für welche die Eigenschaft statt hat:
sél, ýde:
173 hwät swíd-ferhdum sélest waere wíd faer-gryrum tó
gefremmanne — 256 ófest is sélest tó gecýdanne, hwanan . . . . . — 1003 nó þät ýde byd tó befleónne —
2416 näs þät ýde ceáp, tó gegangenne gumena aenigum.

Der Inf. ist hier von ýde abhängig, welches zugleich
auch als attributives Adjektiv vor dem Substantiv ceáp steht.
Es ist zu übersetzen: „Das war kein leichter Kauf (das war
nicht leicht) zu erreichen von einem der Menschen":
2445 swá bid geómorlíc gomelum ceorle tó gebídanne, þät
his byre . . .

Diese Konstruktion bei Adjektiven wird im Lateinischen
nach ähnlichen Adjektiven durch das Supinum auf -u ausgedrückt.

Zum Schluss sei noch bemerkt, dass der abhängige Inf.
immer hinter dem regierenden Worte steht, und dass in keinem
Falle mehrere Inf. zugleich abhängig sind.

## Kapitel IV.
### Der Accusativus cum Infinitivo.

Was die Erklärung der Acc. c. Inf.-Konstruktion angeht,
so sind bereits eingehende Untersuchungen darüber geführt
worden. Es würde zu weit führen, diese hier einzeln zu er-

wähnen, und ich verweise daher nur auf die Abhandlungen von Miklosich (Sitzungsber. der Wiener Akad. phil.-hist. Klasse 1868. Bd. 60, p. 483-506) und auf Jolly's bekannte Schrift (a. a. O. p. 243 ff.). — Meiner Ansicht nach ist die von G. Curtius (Griech. Schulgramm. ¹² Lpz. 1878 § 567 und Erläut. ³, p. 199 f.) nach Apollonius Dyscolus (vgl. Miklosich p. 467) aufgestellte Erklärung die einleuchtendste und entspricht zugleich am meisten der historischen Grammatik. Nach Curtius ist der beim Inf. stehende Akkusativ von dem Verbum des Hauptsatzes abhängig und erklärt sich aus der Prolepsis.\*) Bei intransitiven und passiven Verben ist hierbei der Akkusativ als sogenannter „Akk. der Beziehung" oder „freier Akk." zu betrachten. Der letzte Fall entfällt, wie wir unten sehen werden, für das Germanische.

Jolly kommt am Ende seiner Abhandlung über den Acc. c. Inf. (a. a. O. p. 262) zu dem Schlusse: „in allen indogermanischen Sprachen, die überhaupt einen Inf. besitzen, finden sich Konstruktionen, welche mit den einfachsten Erscheinungsformen des lateinischen und griechischen Acc. c. Inf. übereinstimmen." Für die germanischen Dialekte hat schon Grimm (IV, p. 116) nachgewiesen, dass sich ein allmähliges Schwinden dieser Konstruktion kenntlich mache, während im klassischen Griech. und Lat. sich ein allmähliches Zunehmen beobachten lässt (vgl. Jolly p. 256 ff.).

Für den ältesten germanischen Dialekt, den gotischen, lässt sich schwer eine Entscheidung über die Ausbreitung der Acc. c. Inf.-Konstruktion treffen, da die Schriftdenkmäler dieser Sprache (die Skeireins vielleicht ausgenommen) nur Übersetzungslitteratur sind. Es gehen die Meinungen hierüber auseinander. Am engsten begrenzen Apelt (Germ. XIX, p. 297) und Herzog (Jahn's Jahrb. 107, p. 25) den Gebrauchs-

---

\*) Curtius (l. c.) Anm.: „Der beim Infinitiv stehende Accusativ ist eigentlich von dem Verbum des Hauptsatzes abhängig ... Durch Prolepsis wird derjenige Begriff, welcher Subjekt des Infinitivs ist, sofort als Objekt neben das Verbum des Hauptsatzes gestellt."

kreis, indem sie den Acc. c. Inf. nur nach persönlichen Verbis und Wendungen zulassen; den weitesten Spielraum gewähren ihm Albrecht (Curtius' Studien IV, p. 18) und Miklosich (a. a. O. p. 503 f.); die Mitte zwischen beiden hält Bopp (vgl. Gram. III, p. 303 f. § 871 f.), welcher die Konstruktion bei unpersönlichen Ausdrücken zulässt (p. 317 f.), aber den Inf. in diesem Falle als Subjekt nimmt, das Verbum als persönliches auffasst, und den Akk. als sogen. „Akk. der Beziehung" oder „freien Akk." erklärt, z. B. mêl ist uns ju us slêpa urreisan Zeit ist (in Bezug auf) uns schon aufstehen (das Aufstehen) vom Schlafe (vgl. hiermit das ags. mêl is me tô faran Kap. III, p. 48). Jedoch sind ihm diese Konstruktionsarten nur Nachahmungen des Griechischen, „und zwar darum, weil im Gothischen sonst der Accusativ niemals das Verhältnis «in Bezug auf» ausdrückt" (p. 320). Mithin dürfte im Grunde sich Bopp's Ansicht mit der von Apelt und Herzog decken.

Für das Ahd. kommt Apelt (Jahresber. über das Gymn. zu Weimar 1875 p. 7) zu folgendem Resultate: „Das Ergebniss der Untersuchung für das Ahd. ist demnach dahin zusammenzufassen, dass sich in den literarischen Denkmälern dieser Periode keine genügenden Anhaltspunkte für die Ansicht bieten, dass der Gebrauch der Konstruktion in der lebenden Sprache wesentlich über diejenigen Grenzen hinausgegangen wäre, innerhalb deren er sich noch bei uns bewegt, d. h. über die Anwendung derselben bei den Verbis der sinnlichen Wahrnehmung." — Für Otfrid lässt Erdmann (I 205) den Acc. mit dem Inf. nur zu nach den „transitiven Verben der Willensäusserung senten, lâzan, heizan, bittan, gilustit und denen der Wahrnehmung sehan, gisehan, hôran, irkennan", während bezüglich der ahd. Uebersetzer Denecke (p. 51 ff.) zu dem Resultate gelangt, dass der Acc. c. Inf. sowohl bei transitiven wie bei intransitiven Verben und unpersönlichen Ausdrücken zur Anwendung kommt.

Das Altndd. stimmt ganz mit den unabhängigen ahd. Denkmälern (vgl. Steig p. 484).

Das Vorkommen der Konstruktion des Acc. c. Inf. im Ags. ist bereits von Grimm (IV p. 114 ff.), darnach von Apelt (Germ. XIX p. 281) und von E. Bernhardt (Z. f. d. Phil. IX. p. 383 f.) nachgewiesen worden. Weder Grimm noch Apelt, nach welchem sich die Konstruktion im Ags. „auf formelhafte epische Wendungen mit ic gefraegn und ic hýrde als regierenden Verbis" beschränkt, geben eine vollständige Übersicht der meist dem Beówulf entnommenen Fälle, und auch zu Bernhardt lässt sich noch ein Nachtrag geben. — Für das Ags. ist bislang auch die Untersuchung über die mehr oder weniger geringe Abhängigkeit der Acc. c. Inf.-Konstruktion vom Lateinischen noch nicht geführt worden.*) Denn dass ein solcher Einfluss sich geltend gemacht hat, darf man von vornherein annehmen; hat doch wohl kein Volk des frühen Mittelalters sich so eifrig mit der Uebersetzung lateinischer Schriften befasst wie die Angelsachsen.

Gehen wir nun zur Besprechung der einzelnen Fälle im Beówulf über. Der Acc. c. Inf. steht nach folgenden transitiven Verben: hâtan, laetan, â-laetan, forlaetan, und nach folgenden Verben der geistigen und sinnlichen Wahrnehmung: wênan, gefrignan, findan, onfindan; hýran, seón, gescón.

Ueber den Inf. bei biddan ist bereits früher gesprochen worden (vgl. Kap. II p. 39); es sei hier noch erwähnt, dass Steig (472 f. u. 479) nach as. biddian stets den Acc. c. Inf. annimmt, niemals den einfachen Inf., indem er zum Beweise dafür Fälle mit nachfolgendem Substantivsatze anführt, in welchen dem regierenden Verbum auch das nähere Objekt fehlt. Meiner Ansicht nach dürfte dies kein Beweis für die Möglichkeit der Auslassung des Subjektsakkusativ des Inf. sein; denn, wie beispielsweise V. 2991 im Héliand zeigt, sind bei folgendem „dass"-Satze volle korrekte Ausdrucks-

---

*) Die einzige mir bekannte Specialschrift über den Acc. c. Inf im Englischen von Karl Krickau (Gött. Dissertation 1877) behandelt besonders die Elisabethanische Periode und giebt nur einen Gesammtüberblick über die vorhergehende Zeit.

weisen vertreten, ganz analog dem von mir oben angeführten ags. Beispiele, und die Auslassung des Objekts zu biddian ist als sprachliche Nachlässigkeit zu betrachten. Anders ist es mit folgendem Inf. Hier kann schon der ursprünglichen Natur des Inf. als Locativ (Curtius, Albrecht, Schömann, Herzog, Miklosich u. a.) oder als Dativ (Jolly) eines abstrakten Substantivs zufolge von einer Ellipse nicht die Rede sein; ausserdem ist mir bei biddian kein Beispiel eines doppelten Objekts, wovon das eine zugleich Subjekt zum Inf. wäre, bekannt geworden, obgleich doch jedenfalls ein solches anzutreffen wäre, zumal wenn man, wie Steig thut, die Acc. c. Inf.-Konstruktion aus dem Substantivsatze hervorgehen lässt (p. 471). In wie weit dies richtig ist, ist noch nicht entschieden.

Andere Einzelheiten werden bei den betreffenden Verben zur Sprache kommen.

Die erste Klasse der mit dem Inf. verbundenen Verben, die sogenannten Auxiliarien, können selbstverständlich nicht mit dem Acc. c. Inf. konstruirt werden. Eine scheinbare Ausnahme macht bisweilen willan (vgl. Mätzner [3] $2^2$ p. 31: þá býcnodon hig tó his fäder, hwät he wolde hyne genemnedne beón Luc. 1, 62). Hier aber ist willan keineswegs Hülfsverb, sondern gleich „wünschen". An derselben Stelle, wie noch öfter, findet sich auch im Got. der Acc. c. Inf. nach viljan (vgl. Apelt: Germ. XIX p. 293 f.). Gewöhnlich erscheint im Ags. statt dessen ein Substantivsatz. — Im Beów. fehlen für beide Konstruktionsweisen Belege. Wir gehen daher sofort zu den schon angegebenen Klassen von Begriffsverben über.

I. Der Acc. c. Inf. bei den Verben des Lassens.

Wie schon erwähnt (Kap. II p. 36 f.) steht in unserem Texte nach diesen Verben stets der Acc. c. Inf., niemals ein Satz mit þät, obwohl diese Konstruktion dem Ags. eben so wenig fremd ist wie dem Got. (vgl. Köhler p. 449), z. B. Ps. 124[4]: ne he sódfäste svylce laceð, þät hi tó unrihte áhvaer villen handum raeccean.

In den im Beów. sich findenden Fällen ist stets die logische Wortfolge beobachtet; bei der Abhängigkeit mehrerer Infinitive ist niemals Wiederholung des regierenden Verbs eingetreten. Dieses bezeichnet entweder ein „Veranlassen" oder ein „Zulassen".

a) laetan:

α. ein Veranlassen bezeichnend:

48 þâ gyt hie ... lêton holm beran.

Hier ist aus dem V. 47 vorhergehenden Dativ „him" der Akkusativ „hine" als Objekt zu „beran" zu ergänzen.

397 laetað hilde-bord her onbidian .... worda geþinges. — 1729 hwîlum he on lufan laeteð hworfan monnes môdgeþonc maeran cynnes. — 2551 lêt þâ of breóstum .... Weder-Geáta leód word ût faran. — 2978 lêt se hearda Higelâces þegn brâdne mêce, ... entisenc helm brecan ofer bord-weal.

β. ein Zulassen bezeichnend:

1489 and þu Hûnferd laet ealde lâfe,wrätlic waeg-sweord wid—cûdne man heard-ecg habban.
1997 þät þu ... lête Sûd-Dene sylfe geweordan gûde wid Grendel.

Doppelter Acc. c. Inf., stets asyndetisch,:

865 hwîlum heaðo-rôfe hleápan lêton, on geflit faran fealwe mearas (ad α).

Es ist dieses das einzige Beispiel einer Inversion des ersten Infinitives.

2390 lêt þone brego-stôl Biówulf healdan, Geátam wealdan (ad α). — 3133 lêton waeg niman, flôd fädmian frätwa hyrde (ad α). — 3083 þät he lête hyne licgean, þaer he longe wäs, wîcum wunian ôd woruld-ende (ad β).

An einer anderen Stelle findet sich laetan in unserem Gedichte überhaupt nicht angewandt. Von den Compositis sind zu beachten:

b) forlaetan.

*α*. ein Veranlassen bezeichnend:
3168 forlêton eorla gestreón eordan healdan.

*β*. ein Zulassen bezeichnend:
971 hwädere he his folme forlêt tô lîf-wrade låst weardian, earm and eaxle = jedoch liess er zu (d. h. musste er zulassen), dass seine Hand bei seiner Lebensbergung als Spur (seiner Flucht) diente, Arm und Achsel.
In einem Falle ist der Inf. des Verb. subst. zu ergänzen:
792 nolde eorla hleó aenige þinga þone cwealm-cuman ewicne (wesan) forlaetan.
V. 2788 findet sich forlaetan in der Bedeutung „zurücklassen" ohne Inf.-Konstruktion.

c) âlaetan
ist nur einmal mit Inf.-Konstruktion zu belegen:
*β*. ein Zulassen bezeichnend:
2666 þät þu ne âlaete . . . . . dôm gedreósan.
Die Bedeutung „verlassen", „zurücklassen" besitzt es V. 2592 u. 2751, wo die Inf.-Construction nicht angewandt ist.

II. Der Acc. c. Inf. bei hâtan.

Ueber die Konstruktion des einfachen Inf. bei hâtan vgl. Kap. II, p. 37 f.
Bezüglich der Konstruktion des Acc. c. Inf. ist hier zu beachten, dass der Inf. nie die invertierte Stellung zeigt.
68 þät heal-reced hâtan wolde . . . men gewyrcean. — 293: swylce ic magu-þegnas mîne hâte . . . flotan eówerne . . . ârum healdan. — 386 hât hig in gân. — 1046 hêt hine wel brûcan. — 2813 hêt hyne brûcan well. — 2803 hâtad heado-maere hlaew gewyrcean.

Doppelter Acc. c. Inf.

findet sich in asyndetischer Anreihung und ohne Wiederholung des Verb. regens:

1869 hêt hine mid þaem lâcum leóde swaese sêcean on gesyntum, snûde eft cuman.

In nur einem Falle steht nach hâtan in der Bedeutung „befehlen" ein Satz mit þät: 2157 (hêt, þāt ic . . .), ohne dass ein besonderer Grund vorzuliegen scheint. — Das Compositum gehâtan = „verheissen", „versprechen" findet sich im Beów. nicht mit dem Inf. konstruiert, sondern es folgt ihm ein abhängiger Satz mit þät eingeleitet.

1672 ic hit þe þonne gehâte, þät þu . . . — 1393 ic hit þe gehâte (þät) nô he . . .; es ist þät vor nô zu ergänzen.

In beiden Fällen haben Haupt- und Nebensatztz verschiedenes Subjekt.

2635 þonne we gehêton ûssum hlâforde in biór-sele, . . . þät we . . .

Hier haben beide Sätze dasselbe Subjekt.

Die Inf.-Konstruktion scheint im Ags. nach gehâtan überhaupt nicht mehr statthaft zu sein, wohingegen Köhler (p. 445) für das Got. zwei Stellen anführt, an welchen bei gahaitan der Inf. steht: Marc. 14, 11 und I. Tim. 2, 10.

### III. Der Acc. c. Inf. bei wênan.

Dieses Verbum wird ausser mit dem blossen Inf. (vgl. Kap. II, p. 39) auch mit dem Acc. c. Inf. konstruiert. Mätzner (Gramm. [3] III, p. 29) giebt nur einen Beleg für den Substantivsatz abhängig von wênan.*)

933 ic aenigra me weâna ne wênde tô widan feore bôte gebîdan

Hier haben wir ein Beispiel von einem echt lateinischen Acc. c. Inf. Das Subjekt ist in beiden Sätzen dasselbe und in dem abhängigen Satze durch den Akkusativ des Pronomens (me) wiederholt. Der Inf. hat auch noch ein näheres Objekt (bôte) bei sich.

---

*) M. Sohrauer: Kleine Beiträge zur ae. Gramm. Diss. Berlin 1886 führt noch ein Beispiel für den Acc. c. Inf. nach wênan an aus Ettm. A. P. 29, 5: mid þy̌ ic unc wênde ingangende bêon.

Schon das Got. setzt bei venjan den Acc. c. Inf. (Apelt p. 285), während im As. bei wânian wohl ein blosser Inf., aber kein Acc. c. Inf. anzutreffen ist (Steig 335). Für das Ahd. finden sich bei Otfried keine Belege, wohingegen die ahd. Übersetzer (vgl. besonders Denecke p. 38 und 51) und das Mhd. (Apelt: Jahresber. p. 14, No. 8) die Acc. c. Inf.-Konstruktion häufiger verwenden. — Im Beów. ist in den übrigen Fällen statt der kürzeren Acc. c. Inf.-Konstruktion die längere eines þät-Satzes vorgezogen: 338; 442; 779; 938; 1185; 2605; 1597; 2330.

IV. Der Acc. c. Inf. bei den Verben der sinnlichen und geistigen Wahrnehmung.

hýran.

Wie beim einfachen Inf. (vgl. Kap. II, p. 42 f.), so muss auch hier die Vorliebe für die Inversion des Inf. auffallend erscheinen, welche besonders bei Verben des Sagens statt hat. Von den drei Beispielen im Beów. zeigen zwei die invertierte Wortfolge:

1346 ic þät lond-búend leóde míne sele-rædende secgan hýrde — 2023 þá ic Freáware flet-sittende nemnan hýrde.

Die logische Wortstellung erscheint:
1843 ne hýrde ic snotorlícor on swá geongum feore guman þingian.

Von den Compositen steht im Beów. nur noch gehýran einmal mit Acc. c. Inf.:

786 þára þe of wealle wóp gehýrdan, gryre-leóð galan godes andsacan, sige-leásne sang, sár wánigean helle häftan,

und zwar haben wir hier doppelten Acc. c. Inf. in asyndetischer Beiordnung.

Ebenso oft, wie der Acc. c. Inf., findet sich auch die Konstruktion mit þät: bei hýran 62; 2164; 2173, und bei gehýran 290.

geseón.

Im Beówulf findet sich nur geseón mit dem Acc. c. Inf.,

niemals das Simplex seón, obwohl auch dieses im Ags. diese Konstruktion zulässt (vgl. Grein: Ags. Gloss. unter seón No. 1). In einem Falle nur tritt Inversion des Inf. ein:
2768 swylce he siomian geseah segn eall-gylden heáh ofer horde,
in den übrigen Fällen ist sowohl im Haupt- wie im Nebensatze die logische Wortfolge gewahrt worden:
221 þâ lîdende land gesâwon, brim-clifu blîcan — 729 geseah he in recede rinca manige, swefan sibbe-gedriht — 1348 þāt hie gesâwon swylce twegen micle mearc-stapan môras healdan — 1517 fŷr-leóht geseah, blâcne leóman beorhte sânan — 1586 he on ræste geseah gûd-wêrigne Grendel licgan — 1663 ic on wage geseah wlitig hangian cald sweord eácen — 2543 geseah ... streám ût þonan brecan of beorge — 2605 geseah his mon-dryhten under here-griman hât þrowian — 2823 he on corþan geseah þone leófestan lifes āt ende bleáte gebaeran — 3039 aer hi geségan syllicran wiht, wyrm on wonge wider-rähtes þaer lâdne licgean.

Doppelter Acc. c. Inf.,
asyndetisch beigeordnet, von einem Verbum abhängig:
1426 gesâwon þâ üfter wätere wyrm-cynnes fela, sellice sae-dracan sund cunnian, swylce on näs-hleodum nicras licgean — 2757 geseah þâ sige-hrêdig... mago-þegn môdig mâddum-sigla fela, gold glitinian ... orcas stondan — 3128 sŷððan or-wearde aenigne dael seegas geségon on sele wunian, laene licgan.

Statt des Acc. c. Inf. findet sich nach geseón nur an zwei Stellen die Konstruktion mit þāt: 1486 und 1592.

gefrignan.

Die bei diesem Verbum im Ags. übliche Konstruktion ist mir weder im Got. noch im Ahd. und Altndd. bekannt. Schon Bernhardt (Z. f. d. Phil. IV, 384) erwähnt die „nach dem epischen ic gefrägn" im Beów. sich findenden Fälle. Alle zeigen die logische Wortfolge. Nur einmal steht das

regierende Verbum statt in der 1. P. S. Praet. Ind. in der
3. P. Pl. Praet. Ind.:
1970 (hi) geongne gůd-cyning gôdne gefrunon hringas daelan.
Sonst findet sich nur die 1. P. Sg. Praet. Ind.:
1012 ne gefrägen ic þa maegđe mâran weorođe ymb
hyre sinc-gyfan sěl gebaeran — 1028 ne gefrägn ic freónd
lícor feówer mâdmas golde gegyrede gum-manna fela in
ealo-bence ôđrum gesellan — 2485 þâ ic on morgne gefrägn
maeg ôđerne billes ecgum on bonan staclan — 2695 þâ
ic ät þearfe gefrägn þeód-cyninges and-longne eorl ellen
cýdan.

Doppelter Acc. c. Inf.

in asyndetischer Beiordnung findet sich:
2753 þâ ic snûde gefrägn sunu Wihstânes äfter word-cwy-
dum wundum dryhtne hýran heado-siócum, bring-net beran,
brogdne beadu-sercean under beorges hrôf — 2774 þâ ic
on hlaewe gefrägn hord reáfian, eald enta geweorc ânne
mannan, him on bearm hladan bunan.

Nur in einem Falle ist gefrignan mit þät konstruiert:
695 hie häfdon gefrunen, þät hie . . . wäl-deáđ fornam,
Denigea leóde.

Hier dürfte die Umgehung des Acc. c. Inf. in der ausser-
gewöhnlichen Form von gefrigan und auch in dem abstrakten
Subjekte des abhängigen Satzes begründet sein.

findan.

Weder das Got. noch Otfrid bieten Belege für die Inf.-
Konstruktion bei diesem Verbum, und für die ahd. Übersetzer
bringt Denecke nur ein Beispiel aus Tatian bei (p. 36), während im Altnd. die Inf.-Konstruktion ziemlich häufig anzutreffen ist (Steig 482 f.). Grimm (Gramm. IV, p. 126, 628 u.
947) erklärt die Konstruktion mit dem Part. Praes. für die
einzig richtige im Got. und Deutschen. Auffallenderweise
findet sich unter den dort angeführten Beispielen keins aus
dem Ags., obwohl hier beide Konstruktionen vertreten sind,
und zwar scheint die Inf.-Konstruktion zu überwiegen. —

Im Beów. fehlt jegliches Beispiel der Konstruktion mit dem Part. Praes., dagegen findet sich häufiger ein Acc. c. Inf. bei findan:

118 fand pá þaer inne ädelinga gedriht swefan äfter symble
— 1268 se ät Heorote fand wäccendne wer wíges bídan
— 2271 hord-wynne fond eald uht-sceada opene standan
— 3034 fundon þá on sande sáwul-leásne hlim-bed healdan.

In einem Falle ist Inversion des Inf. eingetreten im Nebensatze:

1415 ód þät he fueringa fyrgen-beámas ofer hárne stán hleonian funde.

Dem gegenüber ist nur einmal ein þät-Satz angewandt: 2374.

Wir sehen also, dass im Beów. die Verba, welche sich mit findan verbinden, verschiedenartiger sind als im Héliand, wo nur sittean und slápan bei findan anzutreffen sind.

onfindan.

Bernhardt (a. a. O. p. 384) sagt von diesem Verbum: „das minder sinnliche onfindan hat dagegen stets þät nach sich". Dem ist jedoch nach meiner Auffassung im Beów. nicht so; es findet sich einmal onfindan mit Acc. c. Inf.:

2842 gif he wäccendne weard onfunde búan on beorge.

Die Hs. bietet wäccende, welches ich mit Thorpe in wäccendne verbessere, und buon statt búan; dieses ist von Wülcker (Bibl. der ags. Poesie I, p. 262 v. 2842) wie v. 308 ongyton als dialektische Form beibehalten. búan hat hier ganz die Funktion des Verbum subst. übernommen, dessen eine Wurzel skr. bhu ein Verweilen, Wohnen ausdrückt.

In den übrigen Fällen ist ein abhängiger Satz bei onfindan stets durch þät eingeleitet: 751, 810, 1498, 1523.

ongitan.

Dieses Verbum ist im Got. und As. nicht vorhanden (im As. freilich das Simplex getan und die Composita bi- und far-, aber nicht aut-). Im Beów. steht bei ongitan an einer

Stelle der Acc. c. Inf.: 1432 (hie) bearhtm ongeâton, gûd-horn galan = sie hörten einen Klang, das Kampfhorn erschallen. Der zweite Akkusativ ist nur nähere Bestimmung des ersten. Ein Substantivsatz findet sich v. 1513.

---

Die vorstehende Untersuchung stellt es ausser Zweifel, dass sich eine feste Regel bezüglich des Gebrauchs und Nichtgebrauchs des Acc. c. Inf. als verkürzter Satzkonstruktion nicht aufstellen lässt. Überall, wo der Acc. c. Inf. gebraucht ist, kann auch unter denselben Bedingungen ein Satz mit „þät" eintreten. Nur will es mir scheinen, als ob sich besonders das Widerstreben zeige, den Akkusativ eines persönlichen Pronomens, besonders der 1. P. Sg., als Subjekt zu einem Inf. zu brauchen, und dass in diesem Falle der Substantivsatz vorgezogen werde. — Die Präposition tô steht in keinem Falle beim Acc. c. Inf. und verträgt sich auch nicht mit dieser Konstruktion (vgl. Grimm IV, 114).

## Kapitel V.
### Der Nom. c. Infinitivo.

Grimm (IV, 122 f.) giebt vier Klassen von Verben an, welche den Nom. c. Inf. bei sich haben. An erster Stelle nennt er die Verba der 2. und 3. Anomalie (d. h. die sogen. Hülfsverben), „wenn ihnen der Begriff sein oder werden folgt." Für den Nom. c. Inf. bei diesen Verben gilt das von Schoemann (Jahn's Jahrb. 99, p. 238) Gesagte: „Dass ein subjectsnominativ bei ihm undenkbar sei, ist von selbst klar; aber sehr häufig finden wir neben ihm den nominativ eines prädicates, welches sich auf den gegenstand bezieht, den wir uns logisch als subject des grammatisch subjectlosen infinitivs zu denken haben. Dies ist der fall beim infinitiv solcher verba, die, ohne selbst einen vollständigen prädicatsbegriff zu enthalten, dazu dienen ein prädicatsnomen ihrem subjecte beizulegen, wie sein, werden, heissen." Es kommen für unsern Text in Betracht:

I. sculan.

a) mit Adjektiv:

272 ne sceal þaer dyrne sum wesan — 806 scolde his aldor-gedâl . . . earnlic wurdan — 1708 þu scealt tô frôfre weordan eal lang-twidig leódum þinum — 3179 þonne he ford scile of lic-haman laene weordan;

b) mit Part. Praet.

zur Bildung des Inf. Praes. Pass. vgl. Kap. I, p. 6.

c) mit Substantiv:

3069 scolfa ne eûde, þurh hwät his worulde gedâl weordan sceolde;

d) mit Pronomen:

1329 swyle scolde eorl wesan . . . swyle . . . — 2709 swyle sceolde secg wesan;

e) mit einem ganzen Satze:

2527 ac une sceal weordan ût wealle, swâ une Wyrd geteód.

II. magan.

a. mit Adjektiv:

2802 ne mäg ic her leng wesan.

Für den zweiten Fall, den Nom. c. Inf. zu gebrauchen, „wenn nach andern verbis, die den subjektiven inf. regieren, sein oder werden folgt", findet sich im Beówulf kein Beispiel.

Zu der dritten Klasse zählt Grimm die Verba des Dünkens und Scheinens. Das Letztere gehört besonders der nhd. Sphäre an. Für die Konstruktion des Nom. c. Inf. bei þynean finden sich auch im Ags., speciell im Beów., verschiedene Belege (vgl. Kap. II, p. 41 f.).

Endlich die letzte der von Grimm aufgeführten Gruppen, die Verba sagen und glauben, nimmt den Nom. c. Inf. zu sich, wenn diese Verba im Pass. stehen. Die genannte Gruppe entfällt jedoch ebenfalls für unseren Text, doch bietet sich ein analoges Beispiel bei einem Verbum des Befehlens dar:

992 þá wäs hâten hrede Heort innan-weard folmum gefrätwod (wesan).

Es ist dieses ganz dieselbe persönliche Konstruktion, welche sich bei lat. jubeor findet.

## Kapitel VI.
### Der Inf. für den Imperativ gebraucht.

Zum Schluss sei noch auf die Eigentümlichkeit der Sprache aufmerksam gemacht, den Inf. für den Imperativ zu gebrauchen. Dieser Sprachgebrauch ist historisch vollkommen berechtigt (vgl. Jolly p. 158) und findet innerhalb des Germanischen schon im Got., jedoch nicht in einfachen Sätzen, Anwendung (vgl. Grimm p. 86 f.). Das Ahd. (Erdmann I, p. 200) sowie das As., soweit mir bekannt, ermangeln freilich jeglichen Beleges. Der Beówulf bietet folgende Stelle:

1860 wesan, þenden ic wealde wídan ríces, mâdmas gemaene, manig óðerne gódum gegrêtan ofer ganotes bäð.

Es wird hier durch die Inff. eine Aufforderung an gegenwärtige Personen und indirekt an das ganze Volk ausgedrückt. Auf dieselbe Erscheinung weist Schoeman (a. a. O. p. 230) bei Homer hin.

# II. Theil.
## Der syntaktische Gebrauch des Part. im „Beówulf".

## Kapitel I.
### Das Part. Praes. Act. im „Beówulf".
#### §. 1.
#### Das Part. Praes. Act. attributiv gebraucht.

Die Flexion des Part. Praes. ist in unserem Gedichte durchgängig die starke. Die Stellung des attributiven Particips ist eine ziemlich willkürliche, jedoch lässt sich das Princip nicht verkennen, durch einen Zusatz näher bestimmte Participien hinter das Substantiv oder substantivierte Wort zu stellen. Folgende Übersicht möge das Gesagte erläutern:

A. Das nicht determinierte Particip.

1) Vor dem Nomen (7 Fälle):
murnende môd 50; nîpende niht 547 und 650: in beiden Fällen ist die feminine Endung - u mit der masculinen - e vertauscht; slaependne rinc 742; wæccendne wer 1269; hrînde beárwas 1364; swôgende lêg 3146. Ein Beispiel für die Verschmelzung eines attributen Part. Praes. mit dem nachfolgenden Substantiv zu einem Begriffe bietet das V. 1884 sich findende âgend-freán (gen. sg.);

2) hinter dem Nomen (5 Fälle):
brim wallende 848; gifen geótende 1691; hæleð hiófende 3143; wadu weallendu 581, dagegen wado weallende 546; im letzteren Falle ist die neutrale Endung des Nom. u. Acc. Pl. - u mit dem maskulinen - e vertauscht.

B. Das determinierte Particip.
1. Das durch ein Adverb determinierte Part. vor dem Nomen (2 Fälle):
ge feor-búend mere-lídende 254, das Part. ist unflektiert; heard-hicgende hilde-mecgas 800.
2. Das durch ein Adverb determinierte Part. hinter dem Nomen (2 Fälle):
sceale monig swíd-hicgende 919; gomela Scylding fela fricgende 2106—7.
2. Das durch ein Substantiv determinierte Part. hinter dem Nomen (4 Fälle):
ellen-rófum flet-sittendum (bei den in der Halle sitzenden Kampfberühmten) 1788; leóde mine sele-raedende 1346; häleda monegum bold-ágendra 3112; auffallend ist hier die Stellung von „monegum"; bearna grund-búendra 1007.

Das attributive Part. dient dazu, ein Substantiv näher zu charakterisieren, ihm ein unterscheidendes Merkmal zu geben, und gleicht also in seiner Gebrauchsweise ganz dem Adjektiv. Das adjektivisch verwandte Part. Praes. ist im „Beów." in keinem Falle mit dem bestimmten Artikel verbunden. Im Ahd. des Otfrid lässt sich dieselbe Regel beobachten (vgl. Erdmann I, pag. 220, §. 361), während das Got. (vgl. Gering in Z. f. d. Ph. 5, p. 309 f.) und das As. des Hêliand Beispiele für die Setzung des Artikels aufweisen. Für das letztere Idiom seien einige hier angeführt: the neriendio Krist 782 (nom. sg.); thana neriandan Krist 1186 (acc. sg.): in beiden Fällen schwache Flexion; einmal mit unbestimmtem Artikel: ên biddiendi man 3335: Part. unflektirt.

Im „Beów." findet sich nur ein Beispiel, in welchem das Part. Praes. noch ein Possessivpronomen vor sich hat:
leóde mine sele-raedende 1346;
ausserdem ist in einem Falle ein unbestimmtes Numerale beigefügt:
sceale monig swid-hicgende 919 f.

In beiden Fällen stehen die näheren Bestimmungen hinter dem Substantive.

Es ist noch die Substantivierung des Part. Praes. zu betrachten. Diese hat im „Beów." nur bei solchen Part. statt, welche auf Personen sich beziehende Eigenschaften ausdrücken.

Das substantivirte Part. steht

1) mit dem bestimmten Artikel (4 Fälle): þá wigend 1126. — ághwylc þára ymb-sittendra 9. — ymbesittendra aenig þára 2735. Im letzteren Falle ist die Wortstellung zu beachten. — þá lidende 221.

2) mit dem Possessivpronomen (1 Fall): his freónd 1386.

3) mit einem Adjektiv (5 Fälle): går-wigend góde 2642. — hwate-helmberend 2518, 2643. — wigen weord-fullost 3100. — ge feor-búend mere-lidende 254.

4) mit attributivem Genitive (11 Fälle). feónd man-cynnes 164; feónd heora 699. — daeda démend 181. — sceótend Scyldinga 1155. — wuldres waldend 183, 1753, wuldres wealdend 17; ylda waldend 1662; waldend fira 2742; sigora waldend 2876. — rodora raedend 1556.

In einem Falle ist zu einem substantivierten Part. Praes. der Akkusativ des persönlichen Pronomens hinzugefügt: swá þec hetende hwilum dydon 1829.

Als substantiviert ist das Part. auch zu betrachten, wenn es mit dem ungeschlechtlichen Pronomen verbunden ist: ge mere-lidende 255. — ge heard-hycgende 294. — þu . . . dreám healdende 1228.

Die Substantivierung des Part. Praes. durch Verbindung mit dem Artikel oder dem Possessivpronomen ist im Ulfilas noch häufiger als im „Beówulf" (vgl. Gering p. 318 ff.), wohingegen mir im Héliand nur einige Fälle der Verbindung mit dem bestimmten Artikel aufgefallen sind: the rádand (nom sg.) 1237. — the sêo-lidandion (acc. pl.) 2910; flekt. Part. — thia wâg-lidand (acc. pl.) 2914. — te themu lêreande (dat. sg.) 3257. — Im Otfrid ist das Part. Praes. nur einmal mit dem unbestimmten Artikel verbunden (vgl. Erdmann I, p. 220 § 362).

§. 2.

## Das Part. Praes. appositiv gebraucht.

(Über die Funktion des appos. Part. vgl. Erdmann, I. p. 215, § 355, welcher dieses Part. „selbständig" nennt.)

Das appositive Part. dient zum Ausdrucke modaler Nebenumstände, welche von einem Substantiv oder substantivischen Pronomen ausgesagt werden. Es drückt etwas nur Vorübergehendes aus, während das attribut. Part. etwas Dauerndes bezeichnet. Die durch das Part. zum Ausdruck gelangenden adverbialen Nebenumstände beziehen sich auf das Zeitverhältnis, das Kausalitätsverhältnis, das Bedingungsverhältnis, das Verhältnis der Art und Weise. Die so verwandten Participien stimmen im Got., wie die attributiv gebrauchten Part., mit dem regierenden Worte im Casus, Genus und Numerus überein (Gering p. 393), während bei Otfried (Erdmann I. p. 215, § 355) und im Hêliand häufiger die unflektierte Form steht. Beispiele von flektierten appositiven Part. im Hêl. sind folgende: 680: thâr im (dat. pl.) godes engil, slâpandiun (dat. pl.) . . . . . = während sie schliefen [temp. Part.]. — 701: im (dat. sg.) . . . slâpandium (dat. sg.) an naht [temp. Part.]. — 1012: that gi sô libbeanda (nom. pl.) = indem ihr so lebt [finales Part.] — 4799 fand sie slâpandie (nom. pl.) [modales Part.]. — 4358: in slâpandie (acc. pl.) [temp. Part.].

Im „Beôw." ist fast immer die unflektierte Form gebraucht, nur einmal die flektierte (1188).

Das Part. dient zum Ausdruck

1) des temporalen Verhältnisses.

Das Part. stellt dar, zu welcher Zeit eine Handlung vor

sich geht oder von welcher Dauer ein Zustand ist, z. B.
unflekt. Part.
a. auf einen Nom. bezogen:
535 wit þæt geewaedon eniht-wesende [du. masc.] — 815
wäs gehwæder ôdrum lifigende lâd (solange er noch lebte)
[sg. masc.] — 1946: ealo drincende ôder saedan (andere
erzählten sich beim Biergelage, (vgl. Heyne: Beów.-Glossar
unten ôder) [pl. masc.] — 1952: hió ... in gum-stôle lîf-
gesceafta lifigende breác (solange sie lebte) [sg. fem.] —
2220 he ... slaepende be fýre (während er schlief) [sg.
masc.];
b. auf einen Acc. bezogen:
45 þe hine ford onsendon ... umbor wesende (als er noch
Kind wär) [sg. masc.] — 372: ic hine cûde eniht wesende
(als er noch Knabe war) [sg. masc.] — 1582 (he) slaepende
frät folees Denigea fýtyne men (während sie schliefen)
[pl. masc.];
flektiertes Part., nur ein Beispiel: das Part. auf einen Dativ
sg. masc. bezogen:
1188 hwät wit ... (him) umbor wesendum aer ârna gefre-
medon.
Im Got. wird zuweilen die temporale Bedeutung des
Part. durch Hinzufügung von nauh, und nauh niþþan stärker
hervorgehoben (Gering p. 395).

2) des finalen Verhältnisses:
Das Part. drückt die Absicht, in welcher die Handlung
vollzogen wird, aus. Nur ein Beispiel; unflekt. Part.
a. auf einen Nom. bezogen:
2062 him se ôder þonan losad lifigende (damit er lebe) [sg.
masc.].

3) des modalen Verhältnisses.
Das Part. dient zum Ausdruck des modalen Zustandes,
in welchem eine Person sich befindet, z. B. unflekt. Part.:
a. auf einen Nom. bezogen:
709 he wäeeende ... bâd [sg. masc.] — 1974 lind-gestealla

lifigende cwom gongan [sg. masc.] — 2234 nȧt-hwyle...
þanc-hycgende þaer gehýdde [sg. masc.] — 2273 se þe
byrnende biorgas sêced [sg. masc.] — 2351 he nearo nîdende
[sg. masc.] — 2717 he ... wîs-hycgende [sg. masc.] — 2851
hy scamiende ... scyldas baeron [pl. masc.].

Steht das Participium unabhängig von einem Nomen des
regierenden Satzes, so entsteht die absolute Participial-Konstruktion. Was die deutschen Dialekte angeht, so ist vorzugsweise ein absoluter Dativ anzutreffen, und zwar findet
sich dieser weit häufiger in der Prosa, als in der Poesie. Im
Got. (Gering p. 402 ff.) und Ahd. (Grimm IV, p. 900 ff.) ist
diese Konstruktion ziemlich weit verbreitet, während das As.
und Ags. nur wenige Beispiele aufweisen (Grimm IV, p. 904).
Aus dem „Beów." lassen sich nur zwei Fälle beibringen: 1479
þät þu me â waere ford-gewitenum on fäder stäle = me
defuncto; und ein Fall mit der Präposition „be": 2666 þät
þu ne âlaete be þe lifigendum dôm gedreósan; hier hat der
dat. absol. dasselbe Subjekt, wie der regierende Satz.*)

### §. 3.
### Das Part. Praes. prädikativ gebraucht.

Die prädikative Verwendung des Part. Praes. ist in
unserem Texte verhältnismässig selten; sie findet sich
1) bei dem Verbum substantivum und zwar nur im Praet.:
159 atol äglaeca êhtende wäs, deorc deád-scûa dugude and
geogode, seomade and syrede.

In diesem Falle dient die periphrastische Bildung zum
Ausdrucke einer langandauernden Handlung, während die
beiden übrigen Prädikate des Satzes (seomade and syrede)
im einfachen Praet. stehen, da sie eine Handlung von kürzerer
Dauer bezeichnen. Jedoch hat sich das Ags. nicht streng an

---

*) Ein anderer derartiger Fall aus der ags. Poesie ist verzeichnet
von Hoffer (Anglia VII, p 383, § 28) aus der ags. Genesis v. 1584.

die genaue Beobachtung dieser Regel gebunden, wie die folgenden Beispiele zeigen: 3029 swâ se secg hwata secgende wäs lâdra spella, oder sollte hier die Umschreibung der langen Rede wegen, die V. 2901 ff. vorangeht, gebraucht sein? 1106 gif þonne Fresna hwyle ... þäs mordor-hetes myndgiend waere;

Dieselbe Freiheit im Gebrauche dieser umschreibenden Konstruktion hat Erdmann auch für Otfrid festgestellt (p. 216 § 357), während sie im Got. in den meisten Fällen vielmehr gewählt wird, „um das Dauernde, mehr einen Zustand als eine Handlung, auszudrücken" (vgl. Gering p. 423). Für das As. bringt Grimm in seiner Gramm. (IV, p. 125) keine Belege für diese Konstruktion bei, doch ist sie an einer Stelle im Héliand anzutreffen: 5526 that thia muoder thes mendendia sind = dass die Mütter sich dessen freuende sind (= freuen); das Part. ist auffallenderweise flektiert, wodurch es dem Adjektive näher gebracht ist.

2) Bei einem Verbum der Bewegung: 2833 (he) nalles âfter lyfde lâcende hwearf. Diese Konstruktion entspricht ganz der des Inf. bei ähnlichen Verben, und das Part. drückt die Art und Weise der Bewegung aus.

Im Got. findet sich diese Konstruktionsweise nicht belegt, wol aber im Ahd. (Erdmann p. 219 § 359) und As. Für das Letztere sind mir im Héliand zwei Beispiele aufgestossen: 4967 hwarabôndi gêng ford undar thenu folke = wandelnd gieng er fort unter dem Volke. — 5964 thuo quam im thâr thie hêlago tuo, gangandi gotes suno = da kam ihnen dort der Heilige hinzu, gehend der Sohn Gottes.

## Verneinte Form des Part. Praes.

Es sind noch zwei mit dem Präfixe un- zusammengesetzte Part. Praes. zu erwähnen: unbyrnende und unlifigende. Die Vorsilbe un- dient zur Bezeichnung des Gegenteils. — unbyrnende findet sich an folgender Stelle: 2548 ne meahte ...

unbyrnende ... deóp gedýgan. Das Part. ist hier ein modales; wir übersetzen es am besten durch einen Infinitiv mit „ohne zu". — Eine weitere Verwendung hat unlifigende gefunden. Dieses tritt in allen drei Funktionen des Part. auf. Zunächst als alleinstehendes substantiviertes Part. findet es sich 745: sóna häfde unlifigendes eal gefeormod fêt, and folma; mit einem unbestimmten Numerale 2909: ofer ôdrum unlifigendum. — Auch als appositives Part. ist es verwandt 1390: drihtguman unlifigendum [temporales Part.]. — Prädikativ steht es 467 þâ wäs ... mîn yldra mäg unlifigende; 1309 he aldorþegn unlifigendne ... wisse.

## Kapitel II.
### Das Part. Praet. im „Beówulf".
### §. 1.
Das Part. Praet. attributiv gebraucht.

Die attributive Verwendung des Part. Praet. ist häufiger als die des Part. Praes. Die Flexion des Part. Praet. ist in unserem Gedichte stets die starke. Statt der Endung des nom. sg. fem. -u findet sich immer die endungslose Form: 322, 551, 607, 624, 641, 778, 1444. — Was die Stellung des attributiven Part. Praet angeht, so lässt sich im Allgemeinen wol dasselbe sagen wie bezüglich des Part. Praes. Im Besonderen gilt Folgendes:

A. Das nicht determinierte Part. Praet.

1) vor dem Nomen (17 Fälle):
sid-fädmed seyp 302. — hroden ealo-waege 495. — his hysted sweord 673. — hroden hilte-cumbor 1023. — hringed byrne 1246. — be waepned men 1285. — wunden gold 1194. — wundnum golde 1383. — locene leodo-syrcan 1506, 1891. — brogden mael 1668. — gewealdene ... daelas 1733. — nägled sinc 2024. — gyrded cempa 2079. — brogdne beaduserceau 2756;

2) hinter dem Nomen (4 Fälle):
wudu bundenne 216. — säl timbred 307. — beadu-hrägl broden 552. — heoru bunden 1286. — breóst-net broden 1549.

B. Das determinierte Part. Pract.

1) Das durch ein Substantiv determinierte hinter dem Nomen:

a. sich auf das Subjekt beziehend (32 Fälle): seld-guma waepnum geweordad 250. — gûd-byrne hond-locen 322. — lic-syrce min, heard hond-locen 551. — beado-hrägl ... golde gegyrwed 553. — sunne swegl-wered 607. — ewên môde geþungen 625. — rine dreámum bedaeled 621. — medubene ... geregnad 778. — guma gilp-hladen 369. — cyning ... cystum gecŷded 924. — lâd-geatcóna synnum geswenced 976. — sadol ... since gewurdad 1039. — ädeling monig wundum â-wyrded 1114. — wigend ... freóndum befeallen 1127. — heoru hamere geþuren 1286. — here-byrne hondum gebroden 1444. — helm ... geweordad 1451. — helm ... befongen freâ-wrâsnum 1452. — wunden-mael wättum bebunden 1532. — daed-cêne mon dôme geweordad 1646. — sweord ... wreoden-hilt 1699. — slaep bisgum bebunden 1744. — ceól lyft geswenced 1914. — helm hyrsted golde 2256. — eafora ... bille gebeâten 2360. — dryhten ... torne gebolgen 2402. — gefeoht fyrenum gesyngad 2442. — his þiód-cyning ... bysigum gebaeded 2581. — feore beágas gebohte 3015. — yrfe ... galdre bewunden 3053. — straela storm, strengum gebaeded 3118. — lêg wôpe bewunden 3147;

b. sich auf das Objekt beziehend (11 Fälle):
hleór-beran gehroden golde 304. — scaro-net seówed smides orþancum 406. — mâdmas golde gegyrede 1029. — ymb þäs helmes hrôf heáfod-beorge wirum bewunden 1031. — wälbende hand-gewridene 1938. — lâfe golde gegyrede 2193. — fatu ... hyrstum behrorene 2763. — segn ... gelocen leodocräftum 2770. — ió-meowlan golde berofene 2932. — âd ... helmum behongen 3140. — win-sele ... reote berofene 2458.

2) **Das durch ein Substantiv determinierte Part. vor dem Nomen:**

a. sich auf das Subjekt beziehend (4 Fälle): beŕg-hroden ewên 624. — gûde gefýsed Beówulf 633. — gold-hroden folc-cwên 641. — eldo gebunden, gomel gûdwiga 2112;

b. sich auf das Objekt beziehend (3 Fälle): nýde genýdde ... gearwe stôwe 1006. — bunden golde swurd 1901. — lâdan cynnes fenne bifongen 2010.

3) **Das durch ein Adverb determinierte Part. hinter dem Nomen:**

a. sich auf das Subjekt beziehend (4 Fälle): we sae-lîdend feorran cumene 1820. — man wíde geweordod 1960. — mâdma hord ... grimme gecéĺpod 3012. — hord ... grimme gegongen 3086;

b. sich auf das Objekt beziehend (2 Fälle): leóde ... fûste geworhte 1865. — swyrd ômige þurh-etone 3050.

4) **Das durch ein Adverb determinierte Part. vor dem Nomen:**

a. sich auf das Subjekt beziehend (2 Fälle): feorran cumene ofer geofenes begang Geáta leóde 361. — sìd-fä'med seyp 302;

b. sich auf das Objekt beziehend (1 Fall): niw-tyrwedne nacan 295.

Einer näheren Erklärung bedürfen folgende Beispiele: 361: feorran cumene ofer geofenes begang Geáta leóde. Hier stehen alle näheren Bestimmungen zu dem Subjekte „leóde" vor demselben; der Zusatz „ofer geofenes begang" ist wol als nähere Erklärung zu „feorran" zu betrachten. — V. 1617 ist broden mael nach E. Sievers (Paul u. Braune: Beiträge IX, p. 140) in brogden-mael zu korrigieren, denn einfaches mael für Schwert sei nirgends belegt, und nach dem Vorschlage desselben Gelehrten in Anglia I, p. 580 (bei Gelegenheit der

Rezension von Zupitza's Ausgabe der Elene Cynewulf's) mit „Schwert mit gewundenem Zeichen" zu übersetzen. Synonym dazu ist wunden-mael 1532. Beides sind nach Sievers Bahuvrihi-Composita.

3015 feore beágas gebohte. Hier ist die Stellung zu beachten. Das zu gebohte gehörige Substantiv feore ist durch beágas, wozu gebohte Attribut ist, von diesem getrennt. Diese Stellung ist wol deshalb gewählt worden, weil der Nachdruck auf feore zu legen ist.

Das als attributives Adjektiv verwandte Part. Praet. tritt in der Regel ohne sonstige nähere Bestimmung zum Substantiv. Nur in einem Falle ist ein Possessivpronomen hinzugefügt:

673 his hyrsted sweord.

Das durch einen Zusatz näher determinierte Part. Praet. ist in einigen Fällen noch durch ein Pronomen oder Numerale enger an das Substantiv angeschlossen:

1) mit einem Possessivpronomen:

550 lic-syrce min hard hond-locen;

2) mit einem unbestimmten Numerale:

1114 ädeling manig .wundum âwyrded.

Die Substantivierung des präteritalen Part. wird in einigen Fällen noch besonders dadurch gekennzeichnet, dass ein Adjektiv oder ein Numerale davor tritt:

1) ein Adjektiv:

2026 geong gold-hroden;

2) ein unbestimmtes Numerale:

1352 óder earm-sceapen.

Ausserdem noch drei Fälle, in welchen das als substantiviert zu betrachtende Part. Praet. zu einem ungeschlechtlichen Pronomen tritt: ge byrnum werede 238, 2530 (2. Pers. pl.). — þu . . . beóre druncen 521 (2. Pers. sg.).

Besonders zu beachten sind noch V. 1232 und 2180: V. 1232 ist druncne dryht-guman mit Sievers (Beiträge IX,

p. 139 f.) „als Variation zu þegnas syndon geþwaere, und þeód eal gearo" und nicht mit Heyne (Beów.-Gloss. unter drincan) als Vokativ zu fassen; druncne hat aktivische Bedeutung. — 2180: nealles druncne slóg heord-geneátas = Heerdgenossen, die (mit ihm) getrunken hatten (d. i. beim Gelage) (vgl. Heyne: Beów.-Gloss. unter drincan).

### §. 2.
### Das Part. Praet. appositiv gebraucht.

In appositiver Funktion tritt das präteritale Particip in derselben Weise auf wie das Part. Praes. Es werden folgende Beziehungen ausgedrückt:

1) Das temporale Verhältnis:
480 ful oft gebeótedon beóre druncne ofer ealo waege oretmecgas, þät ... — 1467 he aer gespräc wîne druncen. — 1334 ic ne wât hwaeder (für hwider) atol aese wlanc eftoîdas teáh, fylle gefaegnod. Diess ist die Lesart der Hs. Die Mehrzahl der Herausgeber und zuletzt auch Wülcker ändern gefaegnod in gefaegnod = sich freuend mit bezugnahme auf 562 und 1014 (nach Wülcker). Jedoch lässt sich die Stelle auch wol so übersetzen und erklären: „ich weiss nicht, wohin das Ungeheuer auf Aas stolz die Rückkehr nahm, nachdem es mit der Fülle bekannt geworden war". Es liegt in dem gefaegnod ausgedrückt, dass sie mit der Fülle nur bekannt wurde, ohne sie ausgebeutet zu haben [denn Grendel's Mutter zeigt beim Erwachen der Männer grosse Furcht und eilt rasch davon, nachdem sie einen ergriffen hat, (V. 1293—97)] und Hrôdgâr deutet dadurch an, dass er eine Wiederkehr fürchtet. Freilich ist diese Erklärung ein wenig gezwungen, aber dürfte doch einer Konjektur vorzuziehen sein.

2) Das konditionale Verhältnis.
1369—71 þe haed-stapa hundum geswenced .... — feorran geflŷmed.

3) Das modale Verhältnis.
217 gewât þâ ofer waeg-holm winde gefýsed flota fämig-

heals. — 846, 847, 1265, 1276, 1432, 2275, 2310, 2570, 2596, 2681, 2827, 2853, 3019.

## §. 3.
### Das Part. Praet. prädikativ gebraucht.

Die häufigste Verwendung findet das Part. Praet. in der Verbindung mit den Hülfsverben: weordan, wesan, beón, habban zur Bildung der periphrastischen Tempora. Besonders wichtig ist die Umschreibung mit den drei erstgenannten Hülfsverben zur Ersetzung der Tempora des Passivs, und es ist nicht ohne Interesse auf die historische Entwickelung des Gebrauchs dieser Umschreibung einen kurzen Blick zu werfen. Nach Gering's Untersuchungen (a. a. O. p. 410) stellt sich für das Got. das Resultat folgendermassen: „Die formen ist und vas bezeichnen die dauer, jene die dauer in der gegenwart, diese die dauer in der vergangenheit. Tritt an diese formen das part. praet. heran, so muss die umschreibung mit ist bezeichnen, dass das subject, von dem die rede ist, als ein vollendetes, fertiges existiert, die umschreibung mit vas, dass es als ein vollendetes, fertiges existiert hat".

„Die umschreibung mit varþ drückt dagegen das eintreten einer veränderung aus, sie schildert nicht einen zustand, sondern eine handlung, die in der vergangenheit vor sich gegangen ist. Dass eine handlung in der gegenwart geschieht, bezeichnet das part. prät. mit vairþa, eine verbindung, die selten vorkommt und von Grimm nicht behandelt ist. Dieselbe umschreibung muss, da im got. das praes. zugleich die funktionen des futurs vertritt, auch ausdrücken, dass eine handlung in der zukunft vor sich gehen wird. Übrigens wird der begriff der vollendung, welcher in dem part. praet liegt, durch die verbindung mit vairþan abgeschwächt, sodass dasselbe beinahe präsentiale geltung erhält."

Diese Regeln stimmen jedoch nur für den Indikativ der Hülfsverba, nicht für den Optativ (Gering p. 415).

Die ahd. Übersetzer zeigen keine bestimmte Regel über

den Gebrauch von wesan (bezw. sin) und werdan (Grimm IV, p. 13 ff.), während Erdmann (I. p. 223 § 368) für Otfrid gegen Grimm's Ansicht (IV, p. 14) nachweist, dass durch das Praes. von sin bei transitiven Verben nur das lateinische Perf. Pass. und und niemals das Praes. Pass. umschrieben wird; ferner sind die Umschreibungen mit den präteritalen Formen was und ward auch „stets deutlich unterschieden" (Erdmann I. p. 224 § 369). Das As. gebraucht wesan und werdan ohne Unterschied neben einander (Grimm IV, p. 16). — In betreff des Ags. spricht Grimm seine Ansicht folgendermassen aus (IV, p. 17 f.): „Die ags. auxiliaria lauten veordhan und vesan, mit welchen eben wie im altfries. und mhd. verfahren wird: veordhe funden (invenior); veardh funden (inveniebar); com funden (inventus sum); veardh funden (inventus eram). gleichwol scheint aber auch, wie im alts. und ahd., com funden zuweilen invenior, is funden invenitur auszudrücken und ausserdem kann durch ein drittes hilfswort beon (das nur der präs. form fähig ist) das fut. oder das präs. umschrieben werden: beo funden (inveniar oder invenior) beo gefylled (satiabor oder satior) bi̯dh onäled (incenditur). das präs. pass. hat demnach dreifache gestalt, auch im Inf., es wird sich aber für einzelne denkmäler manches besondere ergeben".

An Grimm's Auseinandersetzung dürfte wol Folgendes zu ändern sein:
1) veardh funden = inventus eram; aber die regelmässige Umschreibung ist wäs funden.
2) veardh funden = inveniebar, wofür ebenso häufig wäs funden anzutreffen ist.

Mithin ist nicht weordan in den uns überlieferten ags. Schriften vorherrschend, wie im Altfries. und Mhd., sondern schon wesan wie in den ältesten ahd. Denkmälern. Selbst auch eine nur oberflächliche Prüfung der von Grein im ags. Gloss. (sub wesan und weordan) gesammelten Belege wird die angegebenen Behauptungen bestätigen. Im Besonderen gelten diese jedoch für unsern Text, welcher zugleich das älteste ags. Denkmal von Bedeutung ist.

## I. wesan.

wesan verbindet sich sowol mit dem Part. Pract. transitiver als auch mit dem intransitiver Verben. Mit ersteren verbunden, dient das Praes. (bezw. Pract.) des Hülfsverbs zur Umschreibung des Perf. (bezw. Plusqupf.) des Passivs, während in Verbindung mit letzteren das Perf. (bezw. Plusqupf.) des Activs umschrieben wird. Nur in einem Falle ist eine Bildung des Plqupf. Pass. mit geweordan zu finden: 1304 cearu wäs geniwod geworden in wicum = war erneuert worden.

Es möge eine Zusammenstellung der in unserem Texte sich findenden Belege folgen:

A. Das Part. Pract. transitiver Verba.

1) Das Hülfsverb im Praes. = Perf. Pass.

3. Pers. Sg. Ind. is gewanod 476; gecýded 701; gefaelsod 1178; geniwod 1323; ärnered 1704; ys gesceáfwod 3085; grimme gegongen (= erworben) 3085.

3. Pers. Sg. Conj. sie geäfned 3107 im Befehlssatze.

2) Das Hülfsverb im Pract.

α. = Impf. Pass.

3. Pers. Sg. Ind. wäs cenned 12; gyfen 64; häten 102; åhafen 128; häten 263 u. ö.; gerýmed 492; onhrered 549; sprecen 644; forlåcen 904; forsended 905; greted 1066; wrecen 1066; geäfned 1108; åhäfen 1109; hroden 1152; slägen 1153; numen 1154; boren 1193; bewägned 1194; geeáwod 1195; togen 1289; fetod 1311; gebaeted 1400; älysed 1631; boren 1648; gyfen 1679; gereorded 1789; geachted 1886; hladen 1898; geþinged 1939; gerýmed 1976; geweordod 2178; råsod 2284; onboren, getídad 2285; geniwad 2288; gebolgen 2305; geendod 2312; gecýded 2325; forgrundeu 2678; geblödegod 2692; gefyrdred 2785; boden 2958; dropen 2982; hladen 3135; boren 3136.

1. Pers. Pl. Ind. waeron her tela willum bewenede 1821 = wir wurden bewirtet. Zugleich treffen wir hier ein Beispiel mit flektiertem Part. und zwar richtet sich das Part. nach dem Subjekt des Satzes.

β. = Plusqupf. Pass.

3. Pers. Sg. Ind. wās gelaeded 38; gebeácnod 140; liden 223; geeýded 262; gewurdad 331; geeýded 349; bestýmed 486; áféded 694; ábolgen 724; álumpen 734; besmídod 776; gemenged 849; maened 858; tóbrocen 998; áfylled 1019; gebearfod 1104; ásungen 1160; onfunden 1294; ácenned 1357; áhyrded 1461; gebolgen 1540; gemenged 1594; getwaefed 1659; writen 1689; gemearcod 1696; geseted 1697; gesned 1697; geeýded 1972; gehäden 2025; gegyrwed 2088; rásod 2284; bewunden 2425; gebolgen 2551; gehréred 2555; seepen 2914; beswaelled 3042; gerýmed 3089; álýfed 3090.

3. Pers. Pl. Ind. waeron ýd-gebland eal gefaelsod 1621 = waren gereinigt worden. Unflektiertes Part. — V. 1000 ist zu dem Part. Praet. tóhlidene aus dem V. 998 stehenden Singular „wäs" der Plural „waeron" zu ergänzen. Das Part. ist flektiert.

3. Pers. Sg. Conj. hwam þāt sweord geworht ... waere 1697; þāt þes eorl waere geboren betera 1704; þāt se seeg waere ... hergum gebeaderod ... wommum gewitnad 3073. Im letzteren Falle ist die Umschreibung des Fut. Conj. durch waere zu konstatieren.

B. Das Part. Praet. intransitiver Verben.

1) Das Hülfsverb im Praes. = Perf. Act.

3. Pers. Sg. Ind. is her cumen 376; cumen 2647; geworden is 3079.

3. Pers. Pl. Ind. her syndon geferede ... Geáta leóde. Mit flektiertem Part.

2) Das Hülfsverb im Praet. = Plusqupf. Act.

3. Pers. Sg. Ind. wäs gegongen 823, 2822; þa wäs morgen-leóht seofen and seynded 918; seacen 1125, 1137; sceacen 2307, 2728.

## II. weordan.

Das Hülfsverb weordan unterscheidet sich in seinem Gebrauche mit dem Part. Praet. wesentlich von wesan. Ersteres dient in präsentischer Form zur Umschreibung des Praes. Pass. oder auch des Fut. Pass., während es niemals zum Ausdrucke des Perf. Pass. verwendet wird. Im Pract. wird es ebenso wie wesan zur Bildung des Impf. Pass. gebraucht, hingegen niemals zur Bildung des Plusqupf. Pass.

### A. Das Part. Praet. transitiver Verben.

1) Das Hülfsverb im Praes. = Praes. Pass.

siddan aefen-leóht under heofenes hâdor beholen weorded 413 (= verborgen wird, sich verbirgt).

2) Das Hülfsverb im Praet. = Impf. Pass.

weard funden 7; gelumpen 825; forlâcon 904, forsended 905; forloren (wurde beraubt) 1074; geond-braeded 1240; genearwod (wurde bedrängt) 1439; genegod 1440; gyfen 1949; geendot 2312; forgolden 2844; wrecen 2963; gerŷmed 2984; in derselben Verwendung steht in einem Falle das verstärkende geweard: gewrecen 3062.

### B. Das Part. Pract. intransitiver Verben.

2) Das Hülfsverb im Praet. = Impf. Pass.

swâ hit âgangen weard eorla manegum (= wie es ergangen wurde [= ergieng] manchem) 1235; âgangan hat hier, obwohl intransitives Verbum, die Bedeutung und Konstruktionsweise eines transitiven Verbum angenommen, etwa = bestimmen.

### III. beón.

Durch beón wird im Ags. das Praes. Pass. umschrieben, welches alsdann meistens futurische Bedeutung hat. Es steht nur bei transitiven Verben und zwar:

a. mit flektiertem Part.

þonne biód brocene on bâ healfe âd-sweord eorla (dann werden gebrochen auf beiden Seiten die Eide der Edlen) 2064. — for-cŷdde beóð sêlran gesôhte þüm þe him selfa deáð (fremde Länder werden besser aufgesucht von dem, der sich selbst vertraut) 1839;

b. mit unflektiertem Part.

þonne bid on hredre under helm drepen biteran stræle 1746. — symble bid gemyndgad morna gehwylce eaforan ellorsíð 2451.

### IV. habban.

Vermittelst des Hülfsverbs „haben" wird in den germanischen Dialekten das lateinische Perf. und Plusqupf. Act. umschrieben. Das Got. bediente sich zum Ausdrucke dieser Tempora noch des einfachen Präteritums, und der Beginn der periphrastischen Bildung der Tempora der Vergangenheit fällt für das Ahd. in das 8. Jahrh., während in den ältesten altnd. und ags. Denkmälern schon das Überwiegen der umschreibenden Form zu beobachten ist (Grimm IV, p. 153 ff.). Im „Beówulf" finden sich folgende Belege für die Umschreibung mit „habban":

A. Bei dem Part. Pract. transitiver Verben.

1) Das Hülfsverb im Praes. = Perf. Act.:

α. flektiertes Part.:

nu sceale hafad þurh drihtnes miht daed gefremede 941. — Aus der Flexion des Part. lässt sich erkennen, wie die periphrastische Bildung der Perfektformen vor sich gieng. Koch (Hist. Gramm., p. 36, § 45) giebt hierüber kurz Folgendes an: „In Verbindung mit transitiven Verben lässt sich oft noch erkennen, wie die Perfectformen sich bildeten. Habban wird nämlich in seiner begrifflichen Bedeutung noch gefühlt und das Part. auf das Object bezogen."

β. Unflektiertes Part.:

1. P. sg. Ind. häbbe ic maerda fela ongunnen 409. — geáhsod, þǽt ... 433. — þe ic on foldan gefrægen häbbe 1197.

2. P. þu þe self hafast daedum gefremed, þǽt ... 954. — gefēred, þǽt ... 1222, 1856.

3. P. hwät me Grendel hafad ... faer-nida gefremed

474. — onfunden, þät... 596. — hyne... befongen 977. — onsended 2267. — daeda gefondad 2435.
2. P. pl. ge hafad fachde gestaeled 1341
3. P. sg. Con. þeáh þe wintra lyt ... gebiden häbbe Häredes dôhtor 1929.

2) Das Hülfsverb im Praet. = Plusqupf. Act.:

α. flektiertes Part.:
haefde se gôda cempan gecorene (der Gute hatte Kämpen sich erkoren) 206; das Part. auf das Objekt bezogen.

β. Unflektiertes Part.:
1. P. sg. Ind. nealles ic þâm leánum forloren häfde 2146.
3. P. syddan him scyppend forscrifen häfde 106. — seleweard áseted 668. — gefeormod fêt 745. — forsworen 805. — gefaelsod 826, genered 628. — gelaested 830. — befangen 1296. — gegyred 1473. — gefandod 2302. — befangen 2323. — forgrunden 2336. — genesen 2398. — gefrunen 2404 und 2953. — gedrogen 2727. — genyttod 3037. — gesceáfwod 3076. — gebrocen 3148.
1. P. pl. Ind. we tô symble geseten häfdon 2105. —
3. P. gebûn 117. — gefrunen 695. — gesaeged 885. — âbroten 2708. — genumen 3167.
3. P. sg. Conj. geweard, þät hine seó brim-wylf âbroten häfde 1600.

B. Bei dem Part. Praet. intransitiver Verben.

In Verbindung mit habban werden vereinzelt auch die genannten aktiven Tempora intransitiver Verben gebildet, jedoch tritt alsdann niemals Flexion des Part. ein (vgl. Koch: Gramm. II, p. 36, § 45). Im Beów. finden sich folgende Beispiele für diese Konstruktionsweise:

1) Das Hülfsverb im Praes. = Perf. Akt.:
hâfad þäs geworden wine Scyldinga 2027.

2) Das Hülfsverb im Praet. = Plusqupf. Act.
ôd þät... wunden-stefna gewaden häfde, þät... 220. —

häfde aglaeca elne gegongen, þāt ... 894. (= hatte erreicht).
— häfde þā forsîdod sunu Ecg-þeówes under gynne grund ...
nemne ... (= wäre da gesunken) 1551.

Ausser bei den angeführten Hülfsverben steht das präteritale Part. auch bei einzelnen Begriffsverben in prädikativer Abhängigkeit.

Es seien hier zunächst einige Verben erwähnt, welche einen Zustand ausdrücken: licgan, standan. Bei diesen Verben bezieht sich das prädikative Part. auf das Subjekt des Satzes, nicht auf das Objekt. Es lassen sich aus dem 'Beówulf' folgende Beispiele hierfür anführen:

licgan mit flektiertem Part.: ac on mergenne mêcum wunde be ýd-lâfe uppe laegon sweordum âswefede 565 ff; — mit unflektiertem Part.: nu se wyrm liged ... since bereáfod 2746. — bona swylce läg ... ealdre bereáfod 2825 f. — standan: wäter under stôd dreórig and gedrêfed 1417 f.; das Part. ist hier ganz einem Adjektive gleich behandelt.

Weniger eng als mit den eben erwähnten Verben ist das Part. Praet. mit einzelnen Verben der sinnlichen Wahrnehmung und des Zurechnens verbunden, bei welchen das Part. als zweiter prädikativer Akkusativ steht. — Für unseren Text kommen hier nur witan und findan einerseits, und tellan andererseits in betracht, welche in je einem Falle ein Part. Praet. bei sich haben.

witan: wiste ät þäm ahlaccan tô þäm heáh-sele hilde geþinged 647; unflektiertes Part.

findan: word ôder fand sôde gebunden 871.

tellan: ac him wäl-bende weotode tealde 1937; flektiertes Part.

Aehnlich wie das Part. Praes. verbindet sich auch das Part. Praet. mit dem Präfix un-, um einen Gegensatz zu bezeichnen. In unserem Gedichte findet sich nur unwrecen (= un + part. praet. wrecen), welches an einer Stelle gebraucht ist: 2444 sceolde hwädre swâ þeáh ädeling unwrecen ealdres linnan. Hier ist unwrecen appositiv als modales Particip aufzufassen.

# Alphabetisches Verzeichnis
### der
## zu der Arbeit benutzten Litteratur.

Albrecht: De acc. c. inf. coniuncti origine et usu Homerico. Curtius' Stud. 4.
Apelt: Acc. c. Inf. im Ahd. Weimarer Progr. 1875.
— Acc. c. Inf. im Got. Germ 19. p. 280 ff.
Bernhardt: Zur got. Syntax. Z. f. d. Phil. Bd. 9. p. 393 ff.
Bopp, Fr.: Vergl. Gramm. 2. Aufl. Berlin 1861.
Curtius, G.: Griech. Schulgramm. 12. Aufl. Prag 1878.
— Erläuter. 3. Aufl. Prag 1876.
Denecke: Der Inf. bei den ahd. Übersetzern. Diss. Lpz. 1880.
Dietrich, F: Syntaktische Funde. H. Z. XIII. p 124 ff.
Erdmann, O.: Untersuchungen über die Syntax der Sprache Otfrids I. Teil. Halle 1874.
Flamme: Syntax der Blickling Homilies Diss. Bonn 1885.
Gering: Über den syntakt. Gebr. der Part. im Got. Z. f. d. Phil. 5. p. 393 ff.
Grein: Angels. Glossar. Cassel u. Gött. 1858.
Grimm, J.: Deutsche Gramm. IV. Teil. Gött. 1837.
Herzog, E.: Die Syntax des Inf. Jahn's Jahrb. 107, p. 1 ff.
Hoffer: Der syntakt. Gebr. des Dat. und Instrument. in den Caedmon beigelegten Dichtungen. Anglia VII. p. 355 ff.
Holtbuer: Der syntakt. Gebr. des Genit. in dem Andreas, Gûdlac, Phönix, dem heiligen Kreuz und der Höllenfahrt. Anglia VIII. p. 1 ff.
Jolly: Gesch. des Inf. im Indogerm. München 1873.
Koch, C. Fr.: Hist. Gramm. der engl. Sprache Bd II. 2. Aufl. Cassel 1878.
Koehler, A.: Der syntakt. Gebr. des Inf. im Got. Germ. 12. p. 421 ff.
Krickau, K.: Der Acc. c. Inf. im Engl. Diss. Gött. 1877.
Maetzner, E.: Engl. Gramm. 3. Aufl. Berlin 1883/85.
Miklosich: Über den Acc. c. inf. Sitzgsber. d. Wiener Akad. phil.-histor. Klasse. 1868. Bd. 60. p. 483—506.
Mohrbutter, A.: Darstellung der Syntax in den vier echten Predigten des ags. Erzbischofs Wulfstan. Diss. Münster 1884.

Nader, E.: Zur Syntax des Beówulf. 3 Programme d. Staats-Oberrealsch. in Brünn 1879—1882.
— Dativ und Instrumental im Beówulf. Jahresber. der Wiener Kummunal-Oberrealsch. 1882 83.
Rössger, R.: Über d. syntakt. Gebr. des Genit. in Cynewulf's Elene, Crist u Juliana. Anglia VIII. p. 338 ff.
Schoemann: Zur Lehre vom Inf. Jahn's Jahrb. 99. p. 209 ff.
Schürmann, J.: Darstellung d Syntax in Cynewulfs Elene. Diss. Münster. Paderborn 1884.
Sievers, E.: Zur Rhythmik des germanischen Alliterationsverses. I. II. Paul und Braune: Beiträge p. 209 ff. u. p. 451 ff.
Sohrauer: Kleine Beiträge zur ae. Gramm. Diss. Berlin 1886.
Steig: Über d Gebr. des Inf. im Altniederdeutschen. Z. f. d. Phil. Bd. 16. p. 307 ff.

Die Citate aus dem Beówulf sind gegeben nach der Ausgabe von M. Heyne in der „Bibl. der ältesten deutschen Litt.-Denkmäler". Bd III. 4. Auflage. Paderborn 1879.